Jack H. Holland
Die Macht der Liebe

»»Was kein Auge gesehen hat und kein
Ohr gehört hat und in keines Menschen
Herz gekommen ist, was Gott bereitet hat
denen, die ihn lieben.‹ Uns aber hat es
Gott geoffenbart durch seinen Geist...«
1. Korinther 2, 9–10

»...denn alles, was aus Gott geboren ist,
übewindet die Welt; und unser Glaube ist
der Sieg, der die Welt überwunden hat.
Wer anders ist es aber, der die Welt überwindet, als der, der glaubt...?«
1. Johannes 5, 4–5

Wir sind sterblich, wo wir lieblos sind, un-
sterblich, wo wir lieben.
Karl Jaspers

Inhaltsverzeichnis

Einführung

Von allen Seiten hört man heute abschätzige Urteile über den Menschen, über die Beziehungen zwischen den Menschen und über die Zukunft des Menschen. Wohin man sich wendet, begegnet man *Hoffnungslosigkeit.* Dabei spielt es keine Rolle, ob man nun mit den im Überfluß Lebenden, den Reichen, spricht oder mit den wirtschaftlich Schwachen, den Armen dieser Welt, ob man sich die Meinung der Menschen der jungen Generation anhört oder die der älteren. Die Probleme der Gesellschaft scheinen unlösbar zu sein.

Es gibt eine weltweite Wirtschaftskrise und eine weltweite ökologische Krise; es gibt Arbeitslosigkeit und Hunger, verschärft durch die Bevölkerungsexplosion; es gibt Kriege und Kriegsdrohungen, und es gibt ein weltweites Drogenproblem. Und nirgendwo scheint der Mensch sich der Hoffnungslosigkeit, eine Lösung oder auch nur Teillösungen für diese Probleme zu finden, entziehen zu können. Besonders offensichtlich ist diese defätistische Grundhaltung bei den erklärten Anhängern der organisierten Religionen, der Religionen des Fernen Ostens ebenso wie der christlichen Religionen des Westens. Der Ruf »Gott ist tot!« hört man nicht nur in der westlichen Welt. Und die von den Mollas des Iran geweckte Allah-Begeisterung ist auf dem Boden eher der Politik als der Religion anzusiedeln.

Dennoch entdeckt man inmitten dieser deprimierenden Hoffnungslosigkeit, dieses bestürzenden »Negativmus«, immer wieder *»Funken« menschlicher Harmonie und menschlichen Verstehens, »Funken« lebensbejahender Freude und echten Glücks.* Fast immer hat dieses Element der Freude seinen Ursprung in fruchtbarer zwischenmenschlicher Beziehung und in der Erkenntnis, daß in allen Menschen ein Geist lebt, eine lebendige, sieghafte Kraft, die alle Not, alle Schicksalsschläge und alles Leiden überwindet. Dieser Geist wohnt uns allen inne; doch nur wenige von uns haben diese Kraftquelle erschlossen.

Wenn man sich die Lebensläufe wirklich glücklicher Menschen ansieht, solcher Menschen, die im Leben und für das Leben etwas Sinnvolles vollbracht haben, dann erkennt man, daß diese Menschen sich nicht von materiellem Reichtum blenden ließen; sie vertrauten vielmehr der Kraft des Geistes und ließen sich gläubig und zutiefst überzeugt von ihm führen. Diese Menschen haben das Wort des Apostels PAULUS ernst genommen: »Ist aber unser Evangelium verdeckt, so ist's für die verdeckt, die verlorengehen, für die Ungläubigen, denen der Gott dieser Welt den Sinn verblendet hat, damit sie das helle Licht des Evangeliums nicht sehen, des Evangeliums von der Herrlichkeit Christi, der das Ebenbild Gottes ist« *(2. Korinther 3–4, 4).*

Ich glaube, daß diese Warnung des Paulus für die Menschen unserer Zeit ebenso gültig ist, wie sie es für die Menschen vor mehr als neunzehnhundert Jahren war. Sicher sind die meisten von uns infolge des Materialismus unserer Zeit verblendet und haben keine Hoffnung mehr; wir suchen ständig nach »Krücken«, weil wir aus eigener Kraft nicht zu gehen vermögen. Wir suchen nach einfachen Antworten, die wir bei den Vergötterungen unserer heutigen Welt, bei Geld,

Drogen, grundsatzloser Erziehung, allwissender Wissenschaft, exzessiver Sinnlichkeit usw., nicht finden können.

Sicher auch ist es nicht nur die westliche Welt, die nach »Krücken« sucht, noch ist es allein die christliche Religion, die die Menschen vor der Gefahr warnt, für ihren Wunsch nach Frieden, Harmonie und Freude eine Antwort von den »Götzen« unserer Zeit zu erhoffen. Alle Religionen lehren, daß dem Menschen die herrliche, *alles überwindende Kraft des Geistes* gegeben ist, die sich über jede Widrigkeit zu erheben und allen Menschen Frieden, Harmonie, Freude, Glück und auch die so notwendige Verständigung zwischen den einzelnen Menschen und allen Völkern zu bringen vermag.

Es gibt viele Wege zu diesem Ziel. Jede Kultur hat ihre eigenen Vorstellungen entwickelt, und jeder Religionsstifter hat ihnen sein eigenes, unverwechselbares Charisma mitgegeben. Doch alle stimmen darin überein, daß es den Geist gibt, der die Kraft hat, uns zu erlösen. *Webster's Dictionary* nennt als Definition des Wortes »Erlösung« die Befreiung von der Bindung an die Erscheinungswelt des Vergänglichen und das Aufgehen in der Einheit der absoluten Wirklichkeit. Was der Mensch mit seinen drängenden Fragen nach einer Antwort auf seine Probleme – auch die scheinbar unüberwindlichsten – letztendlich sucht, das ist die Wiederherstellung der *Einheit mit der absoluten Wirklichkeit – der des Geistes.* Nur in dieser vollzogenen Vereinigung wird der Mensch zum wahren Sieger. Dann kann er beginnen, alle seine Probleme zu lösen, wenn sie ihm zunächst auch noch so unüberwindlich erscheinen, und nur dann kann er einen Sinn im Leben und für sein Leben finden.

Viele von Ihnen werden beim Lesen dieses Buches das Gefühl haben, daß die Suche nach dem in Ihnen schlummernden und Sie umgebenden Geist keine logische oder rea-

listische Form der Suche nach einer tatsächlichen Lösung
unserer heutigen Probleme sei; ich hoffe aber, bei all denen,
die unvoreingenommen meinen Gedanken folgen, ein Interesse an dieser ungewöhnlichen Methode zu wecken, Antworten auf die Fragen und *Lösungen für die Schwierigkeiten des
Lebens* zu finden.

Zweifellos sind alle Versuche der Menschheit, ihre Probleme auf dem Boden des Materialismus oder auf dem Weg
der Erziehung zu lösen, gescheitert. Der Mensch hat große
Erfolge bei der Schaffung besserer Bedingungen für die Befriedigung der materiellen Bedürfnisse, für die Hebung des
Lebensstandards, errungen. Unser Wissen über die materielle Dingwelt hat sich enorm ausgeweitet; aber der Mensch
hat nur wenig oder überhaupt keinen Fortschritt in der Entwicklung seines geistig-seelischen Potentials (der »Weltseele« RALPH WALDO EMERSONS oder des »kollektiven Unbewußten« CARL GUSTAV JUNGS) gemacht.

Dessenungeachtet steht fest, daß wir nur dann Freude,
Harmonie, Frieden und eine Antwort auf die Fragen unseres
materiellen Daseins finden werden, wenn wir gelernt haben,
die drei »Seiten« unseres Wesens in gleichem Maße zu entwickeln: *Verstand (Intellekt), Körper und Geist (das Geistig-
Seelische).* Dieses Geistig-Seelische werden wir zusammen-
fassend und vereinfachend im folgenden kurz »Geist« nennen.

In den letzten hundert Jahren hat der Mensch in riesigen
Schritten die Entwicklung des Verstandes und somit die Wis-
sensanhäufung durch die Forschung und die Erziehung der
Massen vorangetrieben – ein Phänomen, das noch im Jahre
1900 kein Wissenschaftler in seinen kühnsten Träumen für
möglich gehalten hätte. In den letzten hundert Jahren haben
das Wissen über den menschlichen Körper, das Verständnis

seiner Funktionen und die Methoden seiner Behandlung alle früheren Erkenntnisse der Medizin, Ernährungswissenschaft, Genetik, Biologie und Biochemie radikal verändert.

Allerdings behandeln wir unseren Körper immer noch nicht so, wie es unserem Wissensstand entsprechen würde. Falsche Ernährung ist heute ein größeres Problem als vor hundert Jahren. Aber es ist unbestreitbar, daß die Wissenschaft enorme Fortschritte in der Erforschung des menschlichen Körpers gemacht hat.

In der »Trinität« von Körper, Verstand und Geist ist das einzige Element, bei dem es keinen Fortschritt – vielleicht sogar einen Rückschritt – zu verzeichnen gibt, der Geist. Wir müssen noch lernen, den Geist aus seinem Gefängnis zu befreien; denn in ihm liegen *die entscheidenden Lösungen*, in ihm ist die Kreativität, in ihm finden wir Frieden und Harmonie, Liebe und Freude. Erst wenn wir uns der gewaltigen und herrlichen Kraft des Geistes bewußt geworden sind, werden alle drei Elemente der »Trinität« zu der ihnen gebührenden Geltung kommen, und unser Leben wird seinen wahren Sinn und sein wahres Ziel finden.

ERSTER TEIL: DIE FRAGE

Wie können wir die Kraft
des uns innewohnenden Geistes
zum Leben erwecken?

1
Die zwei sinnlosen Dezennien und die Suche nach dem Sinn des Lebens

So wie wir heute von den »verhängnisvollen Dreißigern und Vierzigern« oder den »wilden Zwanzigern« sprechen, um die Eigenart dieser Epochen zu beschreiben, werden spätere Generationen die sechziger und siebziger Jahre unseres Jahrhunderts wohl als die »zwei sinnlosen Dezennien« bezeichnen. In so vielerlei Hinsicht scheinen die Menschen während dieser Dekaden den gesunden Menschenverstand und jeden Sinn für verinnerlichte Menschlichkeit verloren zu haben.

Nicht nur in den Vereinigten Staaten von Amerika, auch in jedem anderen Teil der Welt zeigten sich die *Aspekte der Sinnlosigkeit in krasser Deutlichkeit:* Unsicherheit, Egoismus, Rücksichtslosigkeit, Verblendung, Massenchaos. Die Phänomene geistiger Verwirrung sind unübersehbar.

Zwar findet man keine Periode in der Geschichte, in der die »Weisen« nicht auf die gleichen Mißstände hingewiesen, ihre Zeitgenossen nicht vor Selbstsucht, Verblendung, Chaos und Mißständen gewarnt hätten, aber in den sechziger und siebziger Jahren unseres Jahrhunderts waren – mehr als in den meisten anderen Perioden der Weltgeschichte – der Menschheit Mittel an die Hand gegeben, mit deren Hilfe

viele und große Probleme hätten bewältigt werden können.
Doch der Mensch scheiterte in geradezu kläglicher Weise an
der Aufgabe, die ungewöhnlichen Fortschritte der Naturwissenschaft, die faszinierenden Entdeckungen und stürmischen
technologischen Entwicklungen, die diese Zeit zu einer der
größten Epochen in der Geschichte der Menschheit hätten
machen können, für sich nutzbar zu machen.

Daß wir die Chancen der großen Entdeckungen und Errungenschaften der jüngsten Vergangenheit nicht für die
Verbesserung der Lebensqualität und für die Befreiung des
Menschen aus den Ketten geistiger Versklavung genutzt haben, das macht die Sinnlosigkeit dieser Dezennien aus!

Von den vielen Fehlentwicklungen in der westlichen Welt
unserer Zeit ist keine tragischer und keine unverständlicher
als das Versäumnis der christlichen Glaubensgemeinschaften, die großartige technologische und psychologische Entwicklung in den Dienst der fundamentalen geistig-seelischen
Bedürfnisse der Menschheit zu stellen. Niemals, zu keiner
Zeit der Geschichte, hat der Mensch größere Chancen gehabt, die Grundlehren des Christentums sinnvoll zu verwirklichen.

Und was haben die Kirchen – alle Kirchen – aus den vorhandenen Möglichkeiten gemacht? Wenig, sehr wenig oder
gar nichts! Sie haben der jüngeren Generation nur gepredigt,
»Vertrauen« zu haben und dem Glauben ihrer Eltern treu zu
bleiben. Das sichtbar gewordene Ergebnis aber war, daß die
Jugend der Kirche mit Mißtrauen begegnete, weil diese die
neuen wissenschaftlichen Erkenntnisse abzulehnen schien.
*Die Jugend hat die Relevanz der christlichen Lehre für die
Welt von heute in Frage gestellt;* sie hat die Lehren des Christentums, wie sie ihr in den Dogmen der Kirche verkündet
wurde, verworfen.

Niemals zuvor hatte die christliche Kirche so gute Voraussetzungen, das Wesen der Lehre JESU, den praktischen Inhalt all dessen, was die Grundlage der christlichen Lehre ausmacht, den Menschen nahezubringen und ihnen darüber hinaus das Übereinstimmende aller großen Weltreligionen bewußtzumachen.

Die Kirche hat diese einmalige Gelegenheit verpaßt. Kein Wunder, daß die jungen Menschen sich, nicht selten in einer in offener Verachtung vorgetragenen Protesthaltung, von der Kirche abgewendet und sich den oft aus sehr dubiosem Hintergrund auftauchenden Gurus fernöstlicher Heilslehren und Mode gewordener Jugendsekten angeschlossen haben, die ihnen geistige Erweckung versprachen. Sie haben sich vielerlei Formen übersteigerter Sexualität und unheilvoller Promiskuität verschrieben – in der Hoffnung, durch solche Erfahrungen die Befreiung des Geistes zu erlangen. Nicht wenige junge Menschen haben sich dem LSD und verschiedenen anderen, zum Teil persönlichkeitszerstörenden Drogen zugewandt – praktisch allem, was ihnen einen temporären geistigen Auftrieb geben konnte. Aber sie haben keinen dauerhaften Frieden, keine innere Ruhe, keine Erfüllung ihrer Sehnsucht nach geistiger Erneuerung und Selbstverwirklichung gefunden.

Warum zeigen wir, die wir in einer nur dem Schein nach christlichen Welt leben, uns überrascht, wenn unsere Kinder die Antworten auf ihre Fragen in allen Formen sogenannten antisozialen Verhaltens suchen? Könnte es sein, daß vieles von diesem »antisozialen« Verhalten nur deshalb als so verwerflich empfunden wird, weil die Gesellschaft es versäumt hat, christliches Sozialverhalten in der Praxis zu verwirklichen? Gibt es zuviel Heuchelei in unseren Kirchen? Zu viele von purem Dogmatismus diktierte Regeln für soziales Ver-

halten? Zuviel Betonung des »Verbotenen« statt der von
JESUS verkündeten Heilsfreude? *Zuviel Haß und nicht genü-*
gend Liebe, die doch die alles überragende Botschaft Jesu
war?

Könnten unsere Probleme darin ihren Ursprung haben,
daß die Kirchen es versäumt haben, ihre Mitglieder, ganz zu
schweigen von den Außenstehenden, darüber aufzuklären,
wo und wie innerer Friede, wirkliches Verstehen, sinnvolle
Beziehungen zu den Mitmenschen zu finden sind? Wer von
unseren Kirchenführern hat tatsächlich versucht, auch nur in
einigen Lehren JESU, BUDDHAS oder KRISCHNAS, MOHAM-
MEDS oder des KONFUZIUS Gemeinsames aufzuzeigen? Haben wir die gemeinsamen Wurzeln und die fundamentale
Bedeutung religiösen Bewußtseins dem Menschen unserer
Zeit nahegebracht? Sind wir nicht zu sehr auf unser Dogma,
unsere Regeln, unser Ritual, unser »Sündenregister« fixiert?
Nicht einer dieser erleuchteten und wirklich großen Lehrmeister hat eine Kirche mit starrem Dogma gegründet –
einem Dogma, das so oft wichtiger wurde als die Lehre, auf
die die Kirche gegründet war!

Die Kirchen der verschiedenen Religionen haben meist
durch den Enthusiasmus späterer »Konvertiten« ihre Ausbreitung und Bedeutung erlangt. Das waren in der Regel
Menschen mit starkem Willen und einem unerschütterlichen
Glauben an die Lehren eines vom Geist erleuchteten »Gründers«. Aber regelmäßig wurde das Dogma bald zum Zen-
trum der Institution, und hinter diesem mußte die Lehre
ihres Gründers zurücktreten. Form und Substanz aller heute
bestehenden Kirchen werden von Regeln bestimmt, die von
Menschen entworfen und kaum noch vom Geist der Religionsstifter inspiriert sind. Je größer die Institution (die Kirche) wurde, um so beherrschender wurde das Dogma.

In jeder Organisation trifft Veränderung auf Widerstand, weil der Mensch sich vor dem Unbekannten, vor dem Verlust der Sicherheit, fürchtet. Die Regeln der Kirche wurden – wie die jeder anderen Organisation – zum »Sicherheitskordon« für die Administration der Kirche, und eine Änderung der Regeln stieß auf stärkeren Widerstand als eine Änderung in irgendeinem anderen Bereich. So wurde dann das Dogma automatisch zum starren Gerüst einer Lehre, die sich vom Geist ihres Gründers entfernt hat. (In dieser Beziehung nehmen die Kirchen keine Sonderstellung ein. In jeder Organisation besteht die Gefahr, daß die »Regeln« zum Selbstzweck werden und das eigentliche Ziel der Organisation überdecken.)

Wenn die Gemeinschaft und deren Führer nicht sehr bewußt den Geist der Lehre bewahren, tritt unvermeidlich Stagnation ein. Oft wird die Einhaltung des Dogmas für so wichtig gehalten, daß man sogar den Verlust der lebendigen Lehre des Gründers der Kirche, ihres geistigen Fundaments, in Kauf nimmt. Zweifellos ist die *Usurpation der ursprünglichen Glaubensideen durch das Dogma* in vielen, vielleicht in den meisten unserer modernen Kirchen aller Bekenntnisse eine nicht zu übersehende und zutiefst bedauerliche Tatsache.

Eines der bedeutsamsten und heilsamsten Ereignisse der jüngsten Vergangenheit war die Einberufung des Zweiten Vatikanischen Konzils durch Papst JOHANNES XXIII. Warum? Weil ein solches Konzil Hoffnung gibt, daß die Glaubenssubstanz verdeutlicht, die organisatorische Bindung gelockert, dogmatische Aussagen auf ihre Gültigkeit für die Welt der Gegenwart überprüft werden.

Es ist bedauerlich, daß man dem ökumenischen Konzil nicht genügend Zeit gab, tiefer in die dogmatische Struktur einzudringen und neue Wege für die Beziehung zwischen der Kirche und der Welt von heute zu finden. Es ist bedauerlich, daß alle Glaubensgemeinschaften – die protestantische wie auch die römisch-katholische und die griechisch-orthodoxe, das Judentum wie auch der Buddhismus, der Islam, der Hinduismus – nicht ständig ihre Verkündigung und ihre Dogmen überprüfen, um die Fundamente ihrer Lehre, die Botschaft ihrer Gründer, zu neuem Leben zu erwecken. Denn *die großen spirituellen Wahrheiten ändern sich niemals* – nur die Wege zu ihrem Verständnis und die Formen ihrer Verkündigung sind einem ständigen Wandel unterworfen. Die Menschen versuchen aber immer wieder, die Glaubenswahrheiten an Regeln und Dogmen anzupassen, anstatt die Regeln und Dogmen zu ändern, um sie mit neuen Formen der Verkündigung der unveränderlichen Wahrheiten in Einklang zu bringen.

Weil in den fernöstlichen Religionen den »Priestern« mehr Freiheit eingeräumt wird und viel weniger Dogmatismus herrscht, können die »Gurus« sich der Phantasie unserer Jugend aufgrund ihrer »mystischen Ausstrahlung« bemächtigen. Das Interesse, das die Jugend Amerikas und Europas Gurus wie MAHARISHI MAHESH, den verschiedenen Formen des Joga und anderen hinduistischen und buddhistischen Religionspraktiken entgegenbringt, ist überwiegend der größeren Freiheit von dogmatischen Bindungen und der stärkeren Betonung von Selbsterkenntnis und Selbstverständnis durch die »Priester« der fernöstlichen Religionen zu verdanken.

In der westlichen Welt hat man Selbsterkenntnis und Selbstverständnis an die Psychologie und allenfalls noch die Psychiatrie abgetreten. Es ist absurd, daß so viele unserer westlichen »amtlichen« Kirchenführer sich über mangelndes

Interesse der Jugend für religiöse – oder richtiger kirchliche – Anliegen beklagen. Das ist besonders unbegreiflich angesichts der Tatsache, daß das große Interesse der Jugend für religiöse Fragen aufgrund ihrer Begeisterung für fernöstliche Gurus so eindrucksvoll bestätigt wird. Man sollte endlich beachten, daß die »Gurus des Ostens« ihre Heilslehren der Jugend im wesentlichen nur deshalb so effektiv nahebringen konnten, weil sie das Dogma ausschalteten oder zumindest zurückdrängten. Die Kirchenführer des Westens hätten daraus lernen können.

Von allen Versäumnissen der westlichen Kirchen ist am unsinnigsten und einfach unverständlich die Unterlassung, die zentrale Bedeutung von Gebet und Meditation und deren wichtige Funktion für die Entfaltung des menschlichen Geistes hervorzuheben. *Meditation und Gebet sind der Wesenskern des Christentums.* Die ungeheure Kraft der Meditation aber hat die moderne Psychologie eindeutig nachgewiesen. Warum sind so viele junge Menschen überzeugt, daß Meditation dem Christentum fremd sei? Warum glauben sie, daß nur fernöstliche Philosophien die Meditation lehren? Der Grund liegt doch nur darin, daß unsere christlichen Kirchen den wichtigsten Aspekten und Lehren des christlichen Glaubens nicht den ihnen zukommenden Platz eingeräumt haben.

Praktisch alles, was man von den Methoden eines Maharishi Mahesh und vieler anderer indischer Gurus hört, hat mit Meditation zu tun. Sehr viele unserer ernsthaft und guten Willens nach religiösem Erleben suchenden jungen Menschen, von denen viele auch psychedelische Erfahrungen gemacht haben, sind von der Meditation begeistert. Niemand hat ihnen gesagt, daß sie ein wichtiger Aspekt christlicher Lebenserfahrung ist. Man hat geradezu den Eindruck, die

Meditation sei für den westlichen Menschen etwas völlig
Neues. Es ist sehr schwer zu verstehen, warum die Meditation, die klare Grundlage der Lehre eines MOSES, JESUS, PAU-
LUS und so vieler anderer jüdisch-christlicher Heilslehrer,
von den hebräischen und christlichen Kirchen unserer Zeit
fast völlig ignoriert wird. Und doch zeugen die Lehren – und
sogar die Riten – eindrucksvoll von der Wichtigkeit der Meditation.

Die westlichen Kirchen predigen zwar die Notwendigkeit
der Meditation; aber wenig wird getan, um ihr Wesen zu er-
läutern und ihre Praxis zu üben; wenig wird getan, um die
Christen darüber aufzuklären, wie wichtig Meditation ist,
um andere verstehen zu lernen, *um »Liebe zu entzünden«, um
Toleranz zu erlernen, um zur Selbsterkenntnis zu gelangen.* Bücher, die sich mit Persönlichkeitsbildung, mit der Kraft des
positiven Denkens, mit Techniken der Selbsthypnose befassen, sind Bestseller geworden; doch die meisten dieser Bücher können trotz ihrer Zugkraft und der unbestreitbar guten
Intentionen ihrer Verfasser dauerhaften inneren Frieden und
ein Klima guten Willens zwischen den Menschen nicht
schaffen, wenn nicht täglich innere Sammlung geübt wird –
Sammlung, die zweifellos eine Form der Meditation ist.

Die meisten der heute populären religiösen Führer der
westlichen Welt – diejenigen, die die Massen anziehen und
häufig auf den Fernsehschirmen zu sehen sind – gehören
noch immer den vor Sündenfall und Sündenstrafe warnen-
den Mahnern an. Sie scheinen die Phantasie zu »entzünden«
und die Menschen in einer kurzen Periode »spiritueller Ek-
stase« zusammenzuführen. Es wäre aber interessant zu wissen, wie lange bei den von dieser Art Predigt bewegten Menschen das Gefühl von Friede, Freude und Harmonie in
ihrem Leben vorhält.

Die meisten dieser populären religiösen Prediger scheinen immer noch der Meinung zu sein, daß das beste Mittel, die Menschen zu »erleuchten«, das Eifern gegen die Sünde (worunter mitunter sogar ein nur von ihnen selbst als antisozial eingestuftes Verhalten verstanden wird) und der Aufruf zur Abkehr von der Sünde ist. Das hat nichts zu tun mit der Ruhe und Freude der Meditation, die zur Selbsterkenntnis führt, hat nichts mit der Mahnung JESU zu tun, daß das Reich Gottes in uns selbst ist. Das hilft uns nicht, mehr Verständnis und Toleranz für die Schwächen und Fehler unserer Mitmenschen und auch für die eigenen zu entwickeln.

Die Jugend unserer Zeit – und ich vermute, auch die Mehrheit der älteren Menschen – ist der ständigen Lamentationen der Priester und Prediger der organisierten Religionen über die Sünde überdrüssig geworden. Schließlich hat Jesus nie verdammt, seine Worte und Werke waren niemals negativen Inhalts. Jesus verkündete eine *Botschaft der Freude und der Fröhlichkeit* der von der Sünde erlösten Kinder Gottes. Er brauchte nicht zu vergeben, weil er nie verdammte.

Ein Student der Psychologie lernt als erstes, daß der Mensch viel effektiver und anhaltender durch das Positive als durch das Negative motiviert wird. Der Mensch wird eher durch Freiheit als durch Furcht motiviert – zumindest übt der Begriff der Freiheit eine stärkere und dauerhaftere Wirkung aus als die Furcht. Jeder, der mit Problemen der Werbung, Wirtschaftsberatung oder Erziehung vertraut ist, weiß, daß die Belohnung einen höheren Stellenwert hat als die Strafe. Aber viele Wortführer unserer Kirchen lehren uns immer noch die »Strafe Gottes«, drohen mit »Feuer und Schwefel« und der »ewigen Verdammnis«.

Die übermäßige Betonung der dogmatischen Ermahnungen des PAULUS, der Einfluß der strengen paulinischen Dok-

trin auf die Lehre der Kirche, hat die Bedeutung der Meditation, die Berücksichtigung der geistig-seelischen Bedürfnisse
des Menschen in den Hintergrund gerückt. Das heißt nicht,
daß die paulinische Doktrin falsch oder durchweg negativ
sei; aber man hat den Akzent zu stark auf die negativen und
dogmatischen Aspekte der Lehren des Paulus gelegt und die
positiven Aspekte vernachlässigt.

Wenn man das Negative – das »Du sollst nicht!« – so
stark in den Vordergrund stellt, wird das Positive leicht verdrängt. Das Christentum sollte vor allem anderen den le-
bensbejahenden »positiven« Aspekt betonen; es sollte ein
Glaube sein, den die Menschen mit Freude, Begeisterung
und in Freiheit leben!

Es besteht ein sehr großer Unterschied zwischen einer
Glaubenslehre »positiven« Inhalts und einer solchen »tole-
ranten« Inhalts. Die Verwechslung der beiden Begriffe hat
viel Verwirrung angerichtet. Es gibt wenig Toleranz in den
Lehren fernöstlicher Religionen, zumindest in denen, die ich
kennengelernt habe; doch sie betonen sehr stark das Positive
– der Akzent liegt auf der Schönheit, der Freude, dem inneren Frieden, der Brüderlichkeit, die aus Selbstverwirklichung
und Erleuchtung erwachsen. Selbstverwirklichung, so lehren
sie, wird durch Meditation erreicht. Das Christentum legt
den Akzent auf *Schönheit, Freude, inneren Frieden, Selbstverwirklichung, Brüderlichkeit und große Toleranz.*

JESUS hat gelehrt, daß der Mensch einen freien Willen hat,
daß er Herr seines Geschickes sein kann, daß er das Recht
und die Freiheit hat, sein Schicksal zu wählen (jedenfalls im
geistigen Sinne). Jesus hat uns auf vielerlei Weise die Bedeutung der Meditation und die Wichtigkeit der Selbsterkenntnis gelehrt. Jesus hat uns den Weg gezeigt, in die Stille zu gehen, um Gott zu finden. Aber infolge der Vernachlässigung

der positiven Aspekte der Lehre Jesu und der nicht geringeren Vernachlässigung seiner Lehre vom freien Willen des Menschen haben wir erreicht, daß das Christentum sowohl weniger tolerant als auch weniger positiv zu sein scheint als die fernöstlichen Religionen.

In der Tat haben konventionelle Religionslehrer und Prediger das Christentum zu einer restriktiven, sehr autoritären und sehr materialistischen Lehre erniedrigt – was das Christentum in Wirklichkeit nicht ist.

Die Betonung des »Kreuzestodes« Jesu statt seiner »Auferstehung«, die Betonung der Sündhaftigkeit des Menschen statt seiner Fähigkeit zum Guten haben dem Christentum einen negativen Grundzug untergeschoben, der, wie ich glaube, der Absicht Jesu völlig widerspricht. Wenn Ärzte und Psychologen uns immer wieder sagen und uns beweisen, wie wichtig positives Denken ist, wie können wir dann erwarten, daß die Menschen sich für eine Religion begeistern, die negatives Denken lehrt? Wie wunderbar würde es sein, wenn die Führer der christlichen Kirchen die Lehre von der Erlösung des Menschen, von seiner Wiedergeburt, von der Freude, die aus der Selbsterkenntnis und dem Verständnis für die Mitmenschen erwächst, von dem Entzücken, in allem, was ist, die Schönheit zu sehen, in den Mittelpunkt ihrer Verkündigung stellten – das alles sind doch wesentliche Aspekte der Lehre Jesu!

Ich glaube, wir würden eine wirkliche Revolution in der westlichen Gesellschaft auslösen, wenn wir endlich damit begännen, *das Evangelium von der Herrlichkeit des Menschen* im ursprünglichen Sinn der Worte CHRISTI zu predigen, und wenn wir endlich aufhörten, die Verdammnis des Menschen, die Sünden des Menschen, das Böse in Gottes Welt in den Vordergrund zu stellen. Wenn wir ein Lehrprogramm ent-

werfen würden, wie wir das »Unsichtbare durch das Sichtbare« erkennen, wie wir das Gute in allen Menschen, die
Reinheit in allen Dingen (die PAULUS so hervorhebt) sehen,
wie wir unser wirkliches Ich entdecken, das wahre Ziel unseres Lebens finden können, dann würden wir eine wirklich
christliche Welt schaffen, die für die Jugend attraktiv wäre.

Sowohl im *Alten* als auch im *Neuen Testament* finden wir
äußerst interessante und wichtige Zeugnisse über die Praxis
der Meditation, über die Bedeutung der Selbstverwirklichung, über die von Gott verliehene Würde aller Geschöpfe,
über unsere Pflicht, die natürliche Umwelt zu achten, und
über die Tatsache, daß wir verantwortlich für sie sind. Die
meisten jungen Menschen wissen überhaupt nichts von diesen biblischen Aussagen. Ist es da nicht verständlich, daß sie
sich esoterischen Heilslehren, Drogen, Sex und magischen
Praktiken zuwenden, weil sie hoffen, so vielleicht die Antwort auf das Rätsel des Lebens zu finden? Wessen Schuld ist
es, daß sie bei diesen extravaganten und oft gefährlichen
Quellen Information und Hilfe suchen?

Ich glaube, es ist die Schuld der organisierten Kirchen. Sie
haben versäumt, die wahre Botschaft des Christentums zu
vermitteln. Sie haben es vorgezogen, ihre Dogmen zu verkünden. Sie haben gegen die wichtigste Regel jeder Kommunikation verstoßen: darauf zu achten, wie die ausgesendete
Botschaft durch die »Augen« des Empfängers gesehen wird.

In Kapitel 3 (»Wie das ›Wunder‹ des Geistes im Menschen ›lebendig‹ werden kann«) werde ich mich mit den wissenschaftlichen Aspekten der biblischen Aussagen über die
Naturgesetze und die psychologischen Tendenzen der
menschlichen Natur befassen. Wir müssen uns jedoch darüber klar sein, daß all diese wissenschaftlichen Begründun-
gen keinen Wert haben und daß trotz aller Wissensfort-

schritte die westliche Welt geistig bankrott ist, wenn wir auf unserem negativistischen Kurs verharren. Die wesentliche Antwort wird immer nur in der Verinnerlichung gefunden, durch die Besinnung auf das wahre Lebensziel und die Bewußtmachung des unendlichen Geistes, dem »Reich Gottes, das in uns ist«.

Die Führer der christlichen Kirchen, die immer noch »Feuer und Schwefel« und die Schmach der Sünde verbreiten, müssen sehr gründlich umdenken, wenn die christliche Religion eine Quelle des geistigen Zentrums unserer heutigen Welt werden soll. Der heilige FRANZISKUS, der die Schönheit der Welt gepriesen hat und der durch Meditation zur Gotteserkenntnis kam, ist für uns ein glaubwürdigerer Zeuge echten Christentums als die Männer der Inquisition, die auf die Sünde fixiert waren, vor allem auf die Sünde gegen das Dogma!

Es ist Zeit – wenn es nicht schon zu spät ist –, daß unsere religiösen Lehrmeister sich den Erkenntnissen der modernen Wissenschaft nicht länger verschließen. Es ist Zeit, daß sie sich auf die große positive Heilsbotschaft JESU besinnen und Dogma und Sünde vergessen, die so lange ihre einzige Richtschnur waren.

Wenn sie das nicht tun, sollten sie nicht überrascht sein, daß nur wenige Menschen sich wirklich für die Botschaft der Kirchen interessieren (die äußerliche Teilnahme wird wohl noch groß bleiben, solange sie die »sozial akzeptierte« Norm ist). Sie sollten nicht überrascht sein, daß unsere Jugend sich mehr und mehr ihre Lehrer und geistigen Führer außerhalb der organisierten Religionen sucht, die nicht auf das Dogma und das Schlechte im Menschen festgelegt sind. Die Abkehr der Menschen von den Kirchen und kirchlichen Institutionen ist nicht zu vermeiden, wenn deren Führer nicht zur *po-*

sitiven Lehre Jesu und den gemeinsamen Wurzeln aller Religionen zurückkehren. Die Menschen werden sich denen zuwenden, die sich positiv und liebend ihrer geistigen Natur annehmen.

Wenn unsere religiösen Lehrmeister zu begreifen beginnen, daß der große Psychologe CARL GUSTAV JUNG recht hatte, als er die These aufstellte, daß die psychische Energie des Menschen auf das Leben und auf die Suche nach dem Sinn des Lebens gerichtet ist, dann werden sie eine Verkündigungsform finden, die dem Menschen sinnvoll erscheint. Nur wenn die Kirchen uns zur Vergegenwärtigung des unendlichen Geistes, an dem wir teilhaben, verhelfen, werden sie ihrer Aufgabe gerecht.

Sie helfen uns nicht, wenn sie uns sagen, was wir *nicht* tun sollen, und wenn sie uns mit schrecklichen Strafen für Verstöße gegen die Regeln drohen. Sie helfen uns, wenn sie uns sagen, was wir tun müssen, *um fröhlicher, liebevoller, harmonischer zu sein und im Geist eines jeden Menschen das Göttliche zu sehen.* Nur so kann praktiziertes Christentum und ein »Leben mit Gott« verstanden werden.

2
Die Vorstellung des Menschen von sich selbst und die göttliche Natur des Menschen

Den meisten Menschen sind heute gängige Begriffe der Psychologie und Psychoanalyse vertraut. Ausdrücke wie »Persönlichkeitsblockierung«, »Hemmungen«, »Fehlleistungen«, »Vorstellungsmuster«, »Identifikation« und viele andere sind allgemeines Sprachgut geworden. Die meisten von uns aber wissen oder ahnen nicht, daß das größte psychologische Problem für den Menschen die Vorstellung ist, die er von sich selbst hat.

Ich spreche hier vom Menschen im kollektiven, nicht im individuellen Sinn. Wir scheinen uns ein Bild vom Menschen als einem unabhängigen Wesen zu machen, einem Geschöpf, das allen anderen irdischen Geschöpfen überlegen ist, einem denkenden, vernunftbegabten Wesen.

Die meisten dieser kollektiven Bilder entsprechen nicht der Realität unseres Lebens. In mancher Hinsicht ist der Mensch das unvernünftigste aller Wesen, das verantwortungsloseste aller Geschöpfe. Vielleicht ist er auch das am wenigsten intuitive und am stärksten von Emotionen angetriebene Geschöpf. Kein anderes Geschöpf tötet seine

eigenen Artgenossen, kein anderes Geschöpf setzt sich über
die Natur hinweg – ja zerstört sogar seine natürliche Umwelt.

Alle diese negativen Aspekte sind jedoch nicht »natürlich« für den Menschen. Aufgrund seiner Fähigkeit zu krea-
tivem Denken ist der Mensch allen anderen Lebewesen
überlegen. Daß der Mensch in der Lage ist, seine Intuition
und seinen Instinkt zu verstehen, erhebt ihn über alle anderen Geschöpfe.

Da der Mensch das einzige wirklich gefühlsbegabte Wesen zu sein scheint (was wissenschaftlich allerdings nicht bewiesen ist), müßte er seine Gefühle vermöge seines Intellekts
beherrschen können. Die meisten Menschen sind jedoch von
ihren Gefühlen beherrscht. In einer Verhaltensanalyse würde
der Mensch im Vergleich zu den meisten anderen Geschöpfen sehr schlecht abschneiden – jedenfalls was sein ökologi-
sches Bewußtsein und seine Beziehung zu anderen Geschöpfen betrifft.

Wie ist diese Zwiespältigkeit entstanden, dieses gestörte
Verhältnis des Menschen zu seinen Mitmenschen und zu seiner Umwelt, in der er lebt und von der er abhängig ist? Der
Grund liegt, glaube ich, darin, daß sich der Mensch seiner
Bestimmung nicht mehr bewußt ist, daß ihm der Sinn für
Richtung und Ziel seines Lebens verlorengegangen ist.
Große Persönlichkeiten, die die Geschichte der Menschheit
positiv geprägt haben, hatten ein sehr klares Bewußtsein
vom Ziel und von der Bestimmung des menschlichen Lebens. Diese Menschen waren durchaus nicht alle große Philosophen, Theologen oder Psychologen. Manche von ihnen
waren einfache Menschen in bescheidenen Lebensstellun-
gen. Was sie untereinander verbindet, ist die Tatsache, daß
ihre Persönlichkeit nicht »blockiert« war.

Wenn der Mensch einen Weg aus dem Labyrinth der von ihm selbst geschaffenen Probleme finden will, dann muß er *lernen, an sich selbst zu glauben.* Er muß sich ein Bild vom Menschen schaffen, das sich grundsätzlich von unserem heutigen kollektiven Bild unterscheidet. Und das muß damit beginnen, daß jeder einzelne von uns ein realistisches Bild von sich selbst entwickelt, ein Bild, das nicht auf Emotionen, sondern auf der Vergegenwärtigung des Geistigen im Menschen gegründet ist.

Die meisten unserer Probleme entspringen einem Mangel an Selbstvertrauen, der eine Folge unserer inneren Richtungslosigkeit ist. Wir haben keinen Glauben an uns selbst, weil wir uns ein falsches Bild von uns geschaffen haben – wir passen uns dem überlieferten kollektiven Bild an –, und wenn dieses Bild falsch ist, müssen natürlich auch unser Denken und unser Handeln falsch sein. Nur die Erkenntnis unserer wahren Natur wird es uns ermöglichen, das Bild zu schaffen, das wir brauchen – ein rationales Bild, dem ein sinnvolles Ziel zugeordnet ist.

Wenn unser Leben sich nach dem ausrichtet, was außerhalb von uns ist, wie können wir dann wissen, was in uns ist? Wenn wir unsere Ziele, unsere Ideen nur auf dem Äußeren – dem Materiellen – aufbauen, wie können wir dann zu erfahren hoffen, wie groß unsere innere Kraft ist? Wie können wir jemals unsere Fähigkeiten, unsere Kräfte, unsere Intuition und Kreativität kennenlernen, wenn wir nur unsere äußeren Bedingungen selbst prüfen, aber unkritisch die Meinungen anderer über unser Inneres akzeptieren?

Natürlich kann jedes Individuum nur ein ihm von anderen, ein von seiner Umgebung aufoktroyiertes Bild von sich selbst haben, wenn es sich nur an Äußerlichkeiten orientiert. Ist das eine vernünftige Methode, sein eigenes Wesen zu de-

finieren, zu finden und zu entfalten? Ich behaupte, daß dies
die unvernünftigste Methode ist, uns ein Bild von uns selbst
und unseren Fähigkeiten zu machen.

Wegen seiner Fähigkeit, in einer Welt des äußeren Anscheins zu leben, kann der Mensch seine eigenen Motive
kaum noch erkennen. Weil er sein Leben nur nach den materiellen Aspekten der Dingwelt ausrichtet und sich sein Bild
von sich selbst und von anderen nur über sein sensorisches
System macht, lebt er *in einer sehr realen Illusion über sein
tatsächliches Wesen, über seine Ziele und über seine Hand-
lungsweise.* Psychologen wissen: Wenn der Mensch glaubt,
was man ihm oft genug gesagt hat, dann wird der Inhalt seiner Überzeugung für ihn zu seiner Wirklichkeit.

Es ist daher wichtig, woher wir unsere Überzeugung ho-
len. Viele wenden sich an »Propheten« und »Seher«, um etwas über ihr Schicksal zu erfahren. Dabei bräuchten sie doch
nur die Bibel aufzuschlagen. Sie enthält eine Menge Prophe-
zeiungen und eine Menge Botschaften, die sich direkt an jeden von uns wenden.

Aber eine Botschaft – sei's eine biblische oder sei's eine
andere – nützt uns wenig, wenn wir nur im Äußerlichen den
Sinn dieser Botschaft suchen. In einer Prophezeiung oder
einer Botschaft kann man immer nur nach Mitteln, nach
Wegen, nach einem Zugang suchen; man kann in ihnen aber
nicht endgültige Aussagen über ein feststehendes künftiges
Schicksal finden. Wer das irrigerweise annimmt, der begibt
sich auf die Flucht vor dem Leben und überläßt sich der Ab-
hängigkeit vom Zufälligen.

Nur dem Menschen, der im Bewußtsein seiner Verbundenheit mit dem unendlichen Geist lebt, wird Erleuchtung
zuteil – dem, *der zutiefst überzeugt dem ihm innewohnenden
göttlichen Geist, durch den er am unendlichen Geist teilhat,*

vertraut. Ein solcher Mensch ist erleuchtet und sich der Kraft des Geistes bewußt. Sie weist ihm den Weg, und mit ihrer Hilfe löst er seine Probleme.

Wüßten wir in einem endgültigen Sinne, was uns die Zukunft bringt, würden wir unsere Motivation und jegliche Initiative verlieren, unseren Ansporn, ohne die kein Fortschritt möglich ist, und wir würden vor allem keinerlei Anstrengungen mehr unternehmen, um unsere Probleme zu bewältigen.

Interessant ist in diesem Zusammenhang die Botschaft des PAULUS, die er uns in seinem *Ersten Brief an die Korinther* (14, 1–5) hinterlassen hat: »Strebt nach der Liebe! Bemüht euch um die Gaben des Geistes, am meisten aber um die Gabe der prophetischen Rede! Denn wer in Zungen redet, der redet nicht für Menschen, sondern für Gott; denn niemand versteht ihn, vielmehr redet er im Geist geheimnisvolle Dinge. Wer aber prophetisch redet, der redet für die Menschen zur Erbauung, zur Ermahnung und zur Tröstung. Wer in Zungen redet, der erbaut sich selbst; wer aber prophetisch redet, der baut die Gemeinde auf. Ich wollte, daß ihr alle in Zungen reden könntet; aber noch viel mehr, daß ihr prophetisch reden könntet. Denn wer prophetisch redet, ist größer als einer, der in Zungen redet ...«

Aus dieser Bibelstelle ergibt sich, glaube ich, sehr klar, daß Paulus unter »prophetischem Reden«, also unter einer Prophezeiung, eine Weissagung kraft göttlicher Inspiration versteht. Ein Mensch, der »prophetisch zu reden« vermag, *schöpft aus seiner geistigen Verbundenheit mit dem unendlichen Geist oder, wie man auch sagen könnte, mit Gott als dem Inbegriff allen Geistes.* Er behauptet nicht, daß bestimmte Ereignisse zwangsläufig eintreten werden. Er weist einen Weg und fordert uns auf, Ereignisse herbeizuführen oder abzuwenden.

Mit der Fleischwerdung des Menschen zerbricht seine geistige Verbundenheit mit dem unendlichen Geist; er wird
vom reinen Geist Gottes getrennt. Die Problematik seiner irdischen Existenz – die Bindung der Geist-Seele an den sterblichen Körper – kann daher ihre Lösung nur in der Wiederherstellung dieser verlorengegangenen geistigen Verbundenheit finden. So ist denn auch das Ziel der Suche des Menschen nach einem Sinn des Lebens in der Bewußtmachung
des ihm innewohnenden Geistes zu sehen, durch den er am
unendlichen Geist teilhat.

Vielleicht ist das der symbolische Sinn der »Erbsünde«:
daß wir uns nämlich mit unserer Geburt vom unendlichen
vollkommenen Geist Gottes trennten. Die Aufgabe unseres
Lebens ist es, uns bei der Bewältigung unserer Probleme von
der Kraft des uns allen innewohnenden göttlichen Geistes
führen zu lassen. Unsere »Sündhaftigkeit« wird so gesehen
durch unsere Geburt begründet, weil wir durch die Ablösung
vom reinen Geist unvollständig sind. Wir sind nicht »unrein«, weil wir ja, geistig gesehen, ein Teil des reinen Geistes
sind, aber wir sind nicht vollständig, weil wir ein abgetrenn-
ter Teil sind.

Der Sinn des menschlichen Lebens ist es, aus der »Ver-
bannung«, in der wir geistig leben, zur Einheit des vollkommenen Geistes zurückzufinden. Wie ich an einer anderen
Stelle des Buches noch ausführen werde: »Der Geist, der geteilt war, wird zur Einheit zurückkehren. Die Liebe bleibt in
der Einheit, aber sie wird geteilt, um dem noch geteilten
Geist gegeben zu werden, damit alles wieder vereint werden
kann.«

Der Mensch kann keinen Sinn im Leben finden, ohne sich
selbst zu kennen. Er kann sich aber nicht selbst kennen,
wenn er nicht weiß, daß er Teil eines großen Ganzen ist, und

wenn er sich nicht bewußtgemacht hat, daß dieses Ganze die Einheit des Geistes ist. Wenn er erkannt hat, daß er geistig ein Teil des unendlichen vollkommenen Geistes ist, dann bekommt sein Leben einen überzeugenden Sinn: *Die Erkenntnis seines Wesens – das Bild, das er von sich selbst hat – wird zum Spiegelbild der Schönheit und Harmonie des unendlichen Geistes,* und natürlich ist das ein stark motivierender Faktor für sein zukünftiges Handeln.

Der Mensch entdeckt die große Schönheit, die in ihm ist und in allem, das geschaffen ist. Er kann an sich die mystische Erkenntnis erfahren, daß wir alle Teil des unendlichen vollkommenen Geistes sind – daß Harmonie, Schönheit und Liebe überall sind!

Diese Erkenntnis des Sinns unseres Lebens, diese Erkenntnis der in und um uns kraft Geistes vorhandenen Schönheit und Reinheit können wir jedoch nur erlangen, wenn wir aufhören, in einer Welt der Illusion des äußeren Anscheins zu leben, die wir fälschlicherweise als unsere Wirklichkeit ansehen. Wir müssen *anfangen, in der wirklichen Welt geistiger Wahrheit zu leben,* zu der wir nur über Selbsterkenntnis und Gotteserkenntnis Zugang haben. Um es noch einmal zu sagen: Wenn unser Leben sich nach dem ausrichtet, was außerhalb von uns ist, wie können wir dann wissen, was in uns ist?

Der Mensch muß sich vergegenwärtigen, daß das Ziel seines Lebens – ob er sich nun als Arzt, Anwalt oder Bauer, als Professor, Arbeiter oder Weltverbesserer versteht – die Wiederherstellung der vollkommenen Einheit des Geistes ist. Er soll das Bewußtsein seines Wesens als »Geist von seinem Geiste« bis zu dem Punkt steigern, an dem seine Geist-Seele nicht mehr länger vom unendlichen Geist – oder von Gott – getrennt ist. Das können wir nur *durch die Vergegenwärti-*

gung göttlicher Liebe zu erreichen versuchen; sie befähigt uns zu verstehen, was Liebe ist, und sie im Leben zu praktizieren.

Wir können uns immer an Gott, den unendlichen Geist, um Hilfe, um Beistand, um Trost und Ermutigung wenden, aber das muß aus eigener Initiative geschehen. Allerdings sollten wir uns immer der Tatsache bewußt bleiben, daß wir hier auf Erden sind, um den Weg in unsere Heimat, die Verbundenheit mit dem vollkommenen Geist, zu finden.

In Wirklichkeit haben aber die meisten von uns diese fundamentale Wahrheit aus ihrem Leben verdrängt. Unser Engagement erstreckt sich nur darauf, eine gute Position im Leben zu erreichen, Wohlstand, Macht, Ruhm und Ansehen zu gewinnen. »Der Gott dieser Welt hat uns den Sinn verblendet«, und *wir haben die Schönheit, die Liebe und die Begeisterung verloren, die uns aus der Vergegenwärtigung der göttlichen Natur des Menschen zuteil werden.*

Wir sind ständig damit beschäftigt, uns auf etwas vorzubereiten. Wir sind ständig dabei, uns auf die Erreichung irgendeines Etappenziels »auszurichten«. Und dabei wissen wir nur selten, wofür wir uns eigentlich engagieren. Wir sollten uns öfter einmal fragen: Ich steuere ein Ziel an, aber was ist dieses Ziel?

Wenn wir versuchen, einen Ausweg aus einer Krise zu finden oder eine Beziehung zu einem anderen Menschen zu knüpfen, sind wir gewöhnlich zugleich damit befaßt, auch völlig anderes anzustreben. Wie kann man aber im Einklang mit sich selbst sein und seine Kraft entfalten, wenn man sich zugleich darauf vorbereitet, ein gutes Dutzend anderer Ziele zu verwirklichen? Wenn wir versuchen, etwas zu tun, es vollständig und gut zu tun, und uns gleichzeitig auf anderes vorbereiten (oft wissen wir nicht einmal, worauf), dann agieren wir geistig gespalten. Wenn unser Geist aber gespalten ist, wie kann dann die kreative Energie auf *ein* Ziel gerichtet werden?

Unsere Energie kann nicht auf *ein* Ziel gerichtet werden, denn wenn unser Geist gespalten ist, muß auch sie sich teilen – muß sie sich zersplittern –, und dann ist der Mensch seinen Emotionen ausgeliefert. Weil man sich nicht zugleich nach links und nach rechts drehen kann, gibt es einen Stillstand – ein Aufhören jeder Bewegung, bis man sich schließlich entweder für die Rechtsdrehung oder für die Linksdrehung entscheidet und nicht fortfährt, auch die andere Drehung vorzubereiten.

Wenn wir in Harmonie mit der Welt leben wollen, wenn wir zur Selbstverwirklichung gelangen wollen, wenn wir wahre Liebe erfahren wollen, müssen wir uns auf den wahren Sinn des Lebens konzentrieren – die Wiederbewußtmachung unserer Verbundenheit mit dem unendlichen Geist. Das ist imperativ und so ungleich viel wichtiger als uns ständig für diese oder jene Anliegen zu engagieren.

Das bedeutet natürlich nicht, daß man seine Bemühungen aufgeben soll, im Beruf voranzukommen oder sein Bestes zu leisten oder nach Erfolg zu streben. Das bedeutet selbstverständlich nicht, daß man aufhören soll, die Probleme unseres Lebens tatkräftig anzupacken und zu bewältigen. Es bedeutet vielmehr nur, daß wir aufhören sollten, das jeweilige Problem oder unseren Beruf als *das* Engagement zu betrachten.

Der Mensch von heute muß sich darüber klarwerden, daß das einzig wirkliche Ziel die Wiederherstellung der Verbundenheit mit dem reinen Geist ist, von dem er getrennt wurde. Wenn er das begriffen hat, dann wird er aufhören, sich selbst zu spalten und seine kreative Energie zu verzetteln; dann wird er fähig sein, seine ganze ihm zur Verfügung stehende *immense schöpferische Kraft sinnvoll und effektiv zu nutzen.*

Heutzutage ist der Mensch so zerrissen, er engagiert sich
für so viele »Anliegen«, daß er sich in Wirklichkeit über-
haupt nicht mehr engagiert. Wir müssen aufhören, in der
Welt der Illusion des äußeren Scheins mit ihrem ständigen
Engagement ohne innere Richtung zu leben. Wir müssen
Verständnis dafür gewinnen, was das wichtigste Ziel aller
unserer Anstrengungen ist – die Bewußtmachung unserer
Verbundenheit mit dem vollkommenen unendlichen Geist.
Dann können wir die Aufgaben dieser Welt mit größtem Er-
folg lösen.

*Wir müssen ein dem Verständnis für den Sinn des Lebens
abgeleitetes Gesamtziel haben;* sonst werden unsere Energie
und unsere kreative Kraft aufgrund unserer ständigen ziello-
sen Bemühungen zersplittert. Wenn wir nicht erkennen, wo
unser Ziel ist, kommt es unweigerlich zum Stillstand – wir
können uns weder nach rechts noch nach links bewegen.

Wenn man die Situation unserer heutigen Welt betrachtet,
so wird deutlich, daß der Mensch, im kollektiven Sinn, kein
Ziel hat, keinen sinnvollen Lebenszweck kennt. Daher ist er,
wo immer er sich geltend macht, ständig mit irgendeiner
»Vorbereitung« befaßt – Vorbereitung für den Frieden, Vorbereitung für den Krieg, Vorbereitung für die Veränderung
der wirtschaftlichen Bedingungen, Vorbereitung für die Lösung eines neuen sozialen Problems. Alle Vorbereitung wird
aber sinnlos, wenn das zentrale Ziel fehlt.

Es liegt kein wirklich dauerhafter Sinn in unserem Streben, weil die meisten von uns kein wirklich dauerhaftes Ziel
haben. Wenn wir begreifen und wirklich glauben, daß wir
Anteil am unendlichen Geist haben, dann wird diese Einstellung zur Basis all unseres Strebens. Sie wird zur Basis für alles, was wir tun – für den Beruf, unser Amt, für die Bewältigung eines jeden Problems, für alle alltäglichen Beschäfti-

gungen. Nur so kann der Mensch wirklich ein Mensch werden, der vom göttlichen Geist inspiriert ist, ein Mensch mit großer kreativer Energie, ein Mensch, der nicht gespalten ist, sondern der eine innere Berufung und ein sinnvolles Ziel hat.

Ich habe, ich muß es sagen, größte Bedenken gegen die so oft aufgebotene Ermahnung, daß wir uns »auf die Wiederkunft Christi vorbereiten« sollen. Wie, selbst wenn Jesus uns wiederkäme, bereitet man sich auf das Kommen des Erlösers vor? Was bedeutet da Vorbereitung? Sollen wir ängstlich in unserer Lebensführung sein, sollen wir uns eingeschüchtert, bedroht fühlen, damit wir endlich »gut« werden?

Es gibt nur einen Weg, sich auf die »Wiederkunft Christi« vorzubereiten, so wie es nur einen Weg gibt, sich darauf vorzubereiten, den Sinn des Lebens zu finden. Es ist der Weg, den wir jetzt, nicht morgen oder übermorgen, gehen müssen: *unser Bewußtsein – unser ganzes Sein – in den Strom der Energie zu bringen, der aufgrund unseres Einsseins mit dem vollkommenen Geist in uns zu fließen beginnt und uns zu allem befähigt* – zur Bewältigung eines jeden Problems, eines jeden Berufs, für den man ausgebildet ist, einer jeden Aufgabe, die man übernimmt, und sicherlich auch zur Vergegenwärtigung der »Wiederkunft Christi«.

Wir sollten sehr genau *auf die Art unserer Gebete und unserer Meditation achten.* Sehr oft laufen deren Inhalte bloß auf eine Art von Feilschen mit Gott hinaus. Haben wir in unseren Gebeten nicht oft versprochen, daß wir versuchen wollen, mehr für unsere Mitmenschen, für die Armen und Leidenden zu tun, wenn Gott uns nur in dieser oder jener Hinsicht ein wenig mehr Hilfe gewähren würde? Wie oft haben wir im Zuge unserer Meditation tatsächlich uns selbst, unsere gottgegebene kreative Kraft bedingungslos zur Verfü-

gung gestellt, wie oft gefragt: Was kann ich tun, wie kann ich
helfen?

Wenn wir unsere Gebete und unsere Meditation einmal
ernsthaft auf unsere Motive hin überprüfen, wird das für die
meisten von uns keine erhebende Bilanz sein. Wir bieten gewöhnlich unsere Hilfe nur als Tauschobjekt an – wir erwarten, daß wir etwas dafür bekommen.

Vielleicht fragen Sie in Ihren Gebeten oft danach, wie Sie
einen Weg für sich selbst oder einen Weg für andere finden
können, doch Sie sollten Gebet und Meditation, die Kommunion mit Gott, nicht darauf reduzieren, Gott als eine Art
»Vollzugsorgan« Ihrer Wünsche anzusehen. Wenn andererseits Ihr Wunsch von Liebe bestimmt ist, dann brauchen Sie
keine Rechtfertigung und keine zusätzliche Vorbereitung.

Werden Sie als erstes eins mit sich selbst, Ihrem Innern,
Ihrem Geist, so daß Sie wahrhaft sind, was Sie sein können.
Sie haben dann nicht mehr nötig, etwas anderes zu werden
oder sich auf etwas vorzubereiten. Machen Sie sich klar, was
es bedeutet zu sagen: *Ich bin.* Mit »Ich bin« erkennen Sie an,
daß Sie eins sind mit Ihrem Geist, der am unendlichen Geist
teilhat. Die Frage »Was werde ich werden?« ist aufgrund
dieser wunderbaren Tatsache vorweggenommen.

Da wir als *ein Ausdruck der Liebe und Vollkommenheit* erschaffen worden sind, ist zwischen dem, was wir sind, und
dem, als was wir uns sehen, eine Kluft. Sie kann nur vergrö-
ßert werden – und wird es gewöhnlich auch –, wenn wir als
die Persönlichkeit, die wir sind, versuchen, das zu vervollkommnen, was schon vollkommen ist. Die Persönlichkeit ist
unser »äußeres Selbst«; sie ist das Bild, das ein Individuum
sich mit Hilfe seines Wahrnehmungssystems schafft. Es
spielt keine Rolle, was dieses sensorische Bild beeinflußt –
Erziehung, Milieu, Erfahrung. Die Persönlichkeit wird im-

mer von der »äußeren Welt« geschaffen, sie ist nicht das Produkt unseres eigenen inneren Verstehens.

Die Aktivität der Persönlichkeit kann die Kluft zwischen unserem in Liebe und Vollkommenheit erschaffenen Sein und der materiell angesiedelten Idee der Vervollkommnung unseres »äußeren Selbst« nur vergrößern. Die meisten Menschen versuchen, in ihr Inneres mehr Reinheit, mehr Liebe, mehr Gottesnähe zu bringen. Wichtiger wäre die Erkenntnis, daß unser Inneres schon vollkommen *ist*!

PAULUS stellt in seinem *Brief an die Römer* (14, 14) fest: »Ich weiß und bin gewiß in dem Herrn Jesus, daß nichts an sich unrein ist; nur für den, der es für unrein hält, ist es unrein.« Dieses Pauluswort ist so zu verstehen, daß wir rein sind und daß nur unser Bild von uns als unreinen Geschöpfen die Unreinheit erschafft.

Wir können nicht sehen, daß etwas vollkommen ist, weil wir es voreingenommen sehen. Wir sind sogar in unserer Fehlannahme, daß das, was wir sehen, unvollkommen sei, so sehr befangen, daß wir ständig bemüht sind, alles »vervollkommnen« zu wollen. Wir haben nie richtig hingesehen, wir haben niemals unsere Seinswirklichkeit vorurteilsfrei betrachtet. Wir haben uns mit der illusionären Welt des äußeren Anscheins, in der wir leben, abgefunden. So sollten wir uns dann nicht wundern, daß wir keine Antworten auf die Rätsel des Lebens finden.

Wir haben den Fehler begangen, nicht zu verstehen, daß jeder von uns in Vollkommenheit erschaffen worden ist, daß er als das vollkommene Wesen erschaffen ist, das er *ist*. Deshalb neigen wir dazu, uns ständig darauf vorzubereiten, etwas anderes zu *werden*. Dessenungeachtet existiert die Vollkommenheit – Vollkommenheit im Sein, im Geist, in der Liebe, in den Lösungen.

Die Unvollkommenheit der heutigen Welt und unserer selbst ist dadurch entstanden, daß wir der Persönlichkeit, dem materiell entworfenen Bild unseres Seins, erlaubt haben, die Illusion der Unvollkommenheit zu schaffen. Daher wird der Mensch, solange er nicht bereit ist zu akzeptieren, daß er geistig in Vollkommenheit erschaffen und nichts anderes als ein Teil der unendlichen Vollkommenheit ist, weiter nach anderen Zielen streben, sich für diese und jene Anliegen engagieren und keinen Frieden finden.

Der Mensch muß mit der Suche nach dem Erkennen der Vollkommenheit in sich selbst und in anderen beginnen. *Gibt es eine bessere Definition der Liebe, als sie als die Kunst herauszustellen, in sich selbst und anderen die Vollkommenheit zu sehen?*

Wenn der Mensch beginnt, diese Vollkommenheit – diese Liebe – zu sehen, dann wird der chaotische Zustand, in dem er sich kaum noch zurechtfindet, aufgehoben sein. Er wird wachsen und inneren Frieden und innere Fröhlichkeit finden. Diese Entdeckung wird sich auch in den äußeren Umständen seines Lebens niederschlagen, in äußerem Frieden und äußerer Fröhlichkeit.

Die Vollkommenheit zu finden ist kein unrealistischer Traum und keine Illusion. Die Vollkommenheit ist, im Gegenteil, die einzige Realität; unsere gegenwärtige Anschauung vom Menschen und von der ganzen Schöpfung ist die Illusion! Wenn ein Mensch weiß, daß er Teil des unendlichen, vollkommenen Geistes ist und daß alles, was geschaffen worden ist, in Vollkommenheit erschaffen ist, dann findet er Frieden und die Lösung aller Probleme seines Lebens.

Pflanzen streben der Sonne zu, der Fluß strebt dem Meer zu, die Saat gedeiht und verdirbt mit dem Boden. Alles Natürliche kennt die Quelle des Seins. Nur der Mensch, der dem Augenblick und äußerem Schein verhaftet ist, verkennt sein wahres Sein und sein wahres Ziel. Der Augenblick türmt sich so riesig vor ihm auf, daß er ihn blindmacht für das größere, gewaltigere Ziel des Geistes. Aber wie wunderbar und bedeutungsvoll wird der Augenblick sein, wenn der Mensch sich des Ursprungs seines Seins als »Geist von seinem Geiste« bewußt wird und die Wiederherstellung seines Einsseins mit dem unendlichen Geist bewußt vollzieht!

3
Wie das »Wunder« des Geistes im Menschen »lebendig« werden kann

Man hört heutzutage so oft das Wort »relevant«, aber man bezieht es nur selten auf das Christentum oder auf die Entwicklung des Geistes zu einer das alltägliche Leben prägenden Kraft. Vielmehr behaupten viele Menschen, daß das Christentum völlig irrelevant sei, daß Gott tot sei.

Das ist natürlich Unsinn. Und doch liegt ein Körnchen Wahrheit in der Behauptung, Gott sei tot, weil wir nämlich die Grundwahrheiten der großen Lehren Jesu nicht verstanden und weil wir versäumt haben, diese Lehren für die heutige Welt, für ihre Sprache und ihren Wissensstand relevant zu machen.

Wir haben ganz offensichtlich nicht vermocht, die Bedeutung der Lehren unserer großen geistigen Führer für unsere heutige Welt und die Situation des heutigen Menschen *verständlich zu machen und in dieser Welt zur Geltung zu bringen*. Wir haben die Lösung unserer kleinen und großen menschlichen Probleme jenseits unserer geistigen Realität und Kraft versucht, und jetzt wundern wir uns, daß ein solches Chaos herrscht, obwohl doch so viele technische und wissenschaftliche Errungenschaften für uns verfügbar sind.

Wir fragen uns, warum so wenig Freude und Frieden in der Welt herrschen, nachdem der Mensch doch so gigantische technische Fortschritte gemacht hat.

Manchmal erschrecken wir ein wenig angesichts der Tatsache, daß mehr Freude und Frieden in den Teilen unserer Erde zu herrschen scheinen, in denen technische Perfektion und wissenschaftlicher Fortschritt sich nicht so stürmisch überboten haben wie bei uns. Könnte es sein, daß diese »rückständigen« Völker etwas über ihr geistig-seelisches Sein wissen, das uns verborgen ist? Vielleicht hat ihnen nicht, wie PAULUS sagte, »der Gott dieser Welt den Sinn verblendet« wie uns? Haben wir übrigens nicht immer gesagt, daß der Mensch nicht vom Brot allein lebt? Versuchen wir aber nicht, »vom Brot allein« zu leben, wenn wir nur eine oder zwei Seiten der »Trinität« von Körper, Verstand und Geist entwickeln?

Wenn der Vergleich auch banal ist: Ein dreibeiniger Schemel – etwa ein Melkschemel – kann nun einmal seine Funktion nicht mehr erfüllen, wenn ihm ein Bein fehlt! Alle Versuche, ihn auszubalancieren, müssen scheitern. Mit den drei Aspekten der menschlichen Existenz – Körper, Verstand und Geist – verhält es sich nicht anders.

Kein Wunder, daß der Mensch sich heute so eingeengt, so abgeschnitten, so entfremdet fühlt. Er versucht, unter Ausschaltung einer der drei tragenden Säulen seiner Existenz das Gleichgewicht zu bewahren, und damit ist er zum Scheitern verurteilt. Nur wenn wir uns körperlich, intellektuell und geistig in Freiheit entwickeln, können wir in Harmonie leben und uns im Einklang mit uns selbst befinden.

Wenn das Christentum mit Nachdruck auf einer gleichwertigen Entwicklung aller dieser drei Aspekte des menschlichen Lebens bestände, würde es seine Relevanz in der Welt von heute unter Beweis stellen. Denn die Relevanz ist darin begründet, daß der Mensch nur überleben und in diesem Überleben sein Anrecht auf Freude verwirklichen kann, wenn er alle Aspekte seiner Existenz in gleichem Maße entwickelt. Das einzige Ziel alles menschlichen Suchens – ob wir das anerkennen oder nicht – ist, den Lebenssinn, der uns erst einen tragfähigen Boden für das Leben schafft, zu finden. *Nur im Geist kann dieser Sinn des Lebens gefunden werden.* Könnte etwas relevanter sein?

Wir müssen den Sinngehalt in den großen Lehren JESU oder auch in den Lehren anderer erleuchteter Religionsstifter richtig auslegen. Selbst in der Wissenschaft müssen die Ideen der großen Forscher der Vergangenheit interpretiert werden. Viele Wissenschaftler arbeiten noch heute an Ideen von ALBERT EINSTEIN und sogar von LEONARDO DA VINCI. Wir sollten versuchen, den Sinn der *Heiligen Schrift* zu interpretieren, wie wir auch die verschlüsselten Aussagen großer Geister der Vergangenheit und Gegenwart interpretieren.

Nur wenige unserer vielen Universitäten befassen sich im normalen Programm ihrer Literaturvorlesungen und Seminare mit der Interpretation fundamentaler religiöser Schriften. Aber ausnahmslos bieten sie zahlreiche Lehrveranstaltungen über Dichter aller Zeiten und Kulturen an, selbst über noch kaum ausgegorene Schriftsteller der Moderne. Sind deren Werke, sogar die bedeutenden, dem *Johannesevangelium* oder dem *Ersten Korintherbrief* an gedanklicher Tiefe oder auch an sprachlicher Schönheit überlegen? Sind die Weisheiten der Schriftsteller unserer Zeit etwa relevanter als die der *Offenbarung* oder der prophetischen Schriften JESAJAS? Sicher wird das niemand behaupten wollen!

Wenn wir die *Heilige Schrift* aus der Sicht unseres heutigen Wissensstandes interpretieren wollen, müssen wir berücksichtigen, daß alle großen Lehrer sich der Sprache, der Symbole und der Gleichnisse bedienen, die ihrer Welt und dem Volk, in dem sie leben, vertraut sind. Wir müssen uns darüber klar sein, daß JESUS, seine Jünger und die Propheten und Lehrer des *Alten Testaments* unter verhältnismäßig ungebildeten, naiven und affektbetonten Menschen lebten und wirkten. Sie mußten daher Worte, Symbole und Gleichnisse verwenden, die dem Volk, dem sie ihre Lehren nahebringen wollten, verständlich waren.

Wenn wir das Christentum für unsere Zeit relevant machen wollen, müssen wir vor allem *die Worte der Bibel in Begriffen von heute interpretieren.* Die Botschaft ist für alle Zeiten gleich, aber sie ist in Worte, Symbole und Legenden gekleidet, die den Menschen vor zweitausend Jahren vertrauter waren als uns heute. Mit unserem heutigen Verständnis für semantische und symbolische Darstellung (wie sie vor allem CARL GUSTAV JUNG interpretiert hat) sollten wir die Relevanz der christlichen Lehre für die Lösung der Probleme unserer Welt ohne große Schwierigkeit verständlich machen können.

Viele Menschen unserer Zeit finden, daß es in der Bibel, vor allem im *Alten Testament,* Erzählungen und Vorschriften gibt, die lebensfremd und fern der Wahrheit sind, sei es vom wissenschaftlichen Standpunkt oder von der *Grundprämisse des Christentums aus, daß Gott die Liebe ist.* Aber viele dieser Schriftstellen, die uns buchstäblich »abschrecken«, könnten im Licht moderner wissenschaftlicher Erkenntnisse die Wahrheit der biblischen Aussagen eher bekräftigen.

Nur wenige unter uns verstehen, daß die Lehrmeister jener Zeit sich nicht einer wissenschaftlichen Ausdrucksweise bedienen konnten; die meisten Menschen wollen das Prinzip allen effektiven Lehrens nicht anerkennen: die Sprache und die Redewendungen zu gebrauchen, die den Menschen, die man belehren will, verständlich sind. Die Menschen vor zwei- oder dreitausend Jahren waren größtenteils Analphabeten, viele auch Nomaden, die sich von Zeichen und Omen leiten ließen. Sie wußten nichts von der Atomenergie oder Kernspaltung und hatten nicht einmal von elektrischer Energie eine Ahnung.

Bei meinem eigenen Bibelstudium hat mich eine Stelle – der 26. Vers des 19. Kapitels der *Genesis* – immer als besonders inakzeptabel irritiert, weil sie dem Begriff eines Gottes der Liebe zu widersprechen und naturwidrig zu sein schien. Der Vers lautet:»Und Lots Weib sah hinter sich und ward zur Salzsäule.« (Als die Engel Lot befahlen, seine Familie aus Sodom und Gomorrha in die kleine Stadt Zoar zu bringen, warnten sie ihn, daß niemand sich umblicken dürfe: wer es tue, würde in eine Salzsäule verwandelt.)

Es ist schwer einzusehen, warum ein Gott der Liebe Lots Weib vernichten sollte, nur weil sie sich umblickte; und warum er sie gerade in eine Salzsäule verwandelte – nicht in Sand, in eine Pflanze oder einen Pfahl. Warum mußte sie überhaupt in etwas verwandelt werden? Was war der Zweck, was wurde damit erreicht, außer daß die Macht (vielleicht sogar die Habsucht) eines allmächtigen Gottes demonstriert werden sollte.

Natürlich habe ich keine grundsätzliche Antwort auf die Frage bereit, warum Lots Weib zur Salzsäule wurde oder ob der Geschichte nicht später verfälschende Interpolationen eingefügt wurden. Ich kann über die Zivilisation jener Zeit nachdenken und über die damals für die Menschen immense Bedeutung des Salzes spekulieren. (Es wurde als Konservierungsmittel und als Opfergabe gebraucht, es symbolisierte Gastfreundschaft, Dauerhaftigkeit und Reinheit.)

Doch auch wenn wir die große Bedeutung des Salzes für die althebräische Zivilisation kennen, gibt uns das noch keinen Hinweis auf den Symbolsinn des Gewaltaktes »Sie ward zur Salzsäule«.

Wenn wir jedoch mit unserem heutigen Wissen über die chemischen Eigenschaften des Salzes und mit dem unserer Zeit angemessenen psychologischen Scharfsinn für die Verhaltensweisen des Menschen an diese Geschichte herangehen, können wir vielleicht ihre wahre Bedeutung besser erkennen. Es ist eine wissenschaftliche Tatsache, daß Energie, die nicht genutzt wird, kristallisiert. Wir wissen, daß Salz eine kristalline Substanz ist. Wir wissen, was mit einer unbenutzten Taschenlampenbatterie (oder irgendeiner anderen Batterie) geschieht: Es bilden sich Kristalle um die chemischen Ingredienzien, und die Batterie verliert ihre Energie; sie wird ein »Haufen nutzloser Chemikalien«.

Vielleicht ist das, was uns die Geschichte von Lots Weib lehren soll, folgendes: Wenn wir ständig zurückblicken, wenn wir ständig in der Vergangenheit leben, wenn wir unseren früheren Ideen und Vorstellungen, den uns unterlaufenen Irrtümern und Verfehlungen nachhängen, wenn wir uns weigern, unsere Augen und unseren Verstand auf die Schönheit der Gegenwart und auf das Potential von Wachstum und Erkenntnis, das in ihr liegt, zu richten, dann stagnieren wir. Durch das Verharren in dem, was vergangen ist, und indem wir ständig auf die Vergangenheit zurückschauen, kristallisieren wir unsere Energie und unsere Fähigkeit zu weiterer Entwicklung. Wir verwandeln unser Energiefeld in eine »Salzsäule«.

Ob das nun wirklich der Sinn dieser biblischen Legende ist oder nicht, jedenfalls kann uns deren Interpretation als eine nützliche Lehre dienen. Wie viele von uns *vergeuden*

*Energie damit, auf Fehler der Vergangenheit, auf verpaßte Ge-
legenheiten oder auf geschehenes Unglück zurückzublicken!*
Wie wenige von uns richten ihre Augen auf das Potential an
Schönheit und Wachstum, das, schon in der Gegenwart be-
schlossen, die Zukunft für uns bereithält!

Es gibt weitere Anhaltspunkte für die in der Geschichte
von Lots Weib verschlüsselte Wahrheit. Im *Metaphysical Bible Dictionary* wird erklärt:»Wenn wir uns an Sinnesfreuden
erinnern und uns nach ihrer Wiederkehr sehnen, dann bleibt
das sinnliche Verlangen erhalten. Dieses Verlangen wird
irgendwo, irgendwann zutage treten, wenn die Erinnerung
nicht durch bewußte Ablehnung ausgelöscht wird.«

Kürzlich hatte ich Gelegenheit, den Film *Vom Winde ver-
weht* noch einmal zu sehen. Auch dieses Mal war ich tief betroffen von der selbstzerstörerischen Vergangenheitsfixie-
rung der Scarlett O'Hara, ihrem ständigen Zurückblicken,
ihren Träumen von der vergangenen Schönheit Taras und
ihrer Mädchenliebe zu Ashley, von ihrer Unfähigkeit, die
Veränderung in sich selbst und in Ashley zu erkennen. Welche Möglichkeiten für ein glückliches Leben und für eine
glückliche Beziehung zu Rhett Butler opferte sie ihrer Ver-
gangenheitsfixierung! Sie verschwendete ihre Energie darauf, Fehler der Vergangenheit zu korrigieren oder rückgän-
gig zu machen. Wenn sie nicht »hinter sich gesehen« hätte,
so hätte sie alles, was sie sich jemals gewünscht hatte, in ihrer
Beziehung zu Melanie und Rhett finden können. MARGARET
MITCHELL, die Verfasserin des Buches, muß eine sehr tiefe
Einsicht in die fundamentale Lebensweisheit gehabt haben,
daß Freude und Glück in der Gegenwart und in der Zukunft
liegen und niemals in der Vergangenheit.

Sehr viele Textstellen der Bibel, im *Alten Testament* wie
auch im *Neuen*, könnten Quellen großer Weisheit und Wahr-

heit für uns sein, wenn wir uns bemühten, den Sinn in all
den Geschichten und Gleichnissen aufzuspüren. Wie faszi-
nierend kann für einen wissenschaftlich geschulten Menschen das Studium der biblischen Schriften sein, wenn er
den Sinn der verschlüsselten Wahrheiten zu erforschen versucht. Wir müssen uns, wie gesagt, nur immer bewußt sein,
daß alle großen Lehrer der Menschheit Worte, Symbole und
Sinnbilder benutzt haben, die ihren Zuhörern vertraut waren
– die wir aber bei nur geringer Bemühung auch heute noch
verstehen beziehungsweise richtig interpretieren können.

Es ist sicher kein Zufall, daß Geschichten mit ähnlichen
Symbolbildern wie dem der »Salzsäule« in den Schriften
fast aller großen Weltreligionen vorkommen. *Die Wahrheit
ist immer dieselbe, wie veränderlich auch ihr Kleid ist.*

Ob die großen geistigen Lehrer der Menschheitsgeschichte
etwas von der kristallinen Substanz des Salzes wußten oder
nicht, ob sie Kenntnis von dem Energiecharakter des Ge-
dankens hatten oder nicht, das ist letzten Endes belanglos.
Sicherlich hat man im Altertum mit dem Begriff »Salzsäule«
eine symbolische Bedeutung verbunden. Die Tatsache, daß
man Lebensenergie nicht durch destruktives Beharren auf
Erfahrungen oder Ereignissen, die der Vergangenheit ange-
hören, gewinnen kann, läßt sich heute in wissenschaftlichen
Labors nachweisen. Das Phänomen, daß ungenutzte Energie
kristallisiert, ist heute jedem Mittelschüler bekannt.

Ich persönlich habe der Lehre, die in der Geschichte von
Lots Weib »verborgen« ist, die Erkenntnis abgewonnen:
Wenn ich in der Vergangenheit verharre (hinter mich sehe),
zerstöre ich meine Fähigkeit zur Entwicklung und Entfaltung meiner Persönlichkeit und zum Verständnis meiner
Umwelt – eine Fähigkeit, die Gott mir geschenkt hat. Sie ist
jedem Menschen gegeben, der nach vorn blickt und sich der

ihm zur Bewältigung seines Geschicks zur Verfügung stehenden Kraft des Geistes bewußt ist, *der sein Denken am Schönen und Guten seiner Gegenwart orientiert und in positiver Erwartungshaltung der Zukunft entgegenblickt.*

Gott mag tatsächlich für viele Menschen tot sein, weil er tot ist für jeden Menschen, der sich nicht des ihm innewohnenden göttlichen Geistes bewußt ist und nicht, indem er seine Geisteskraft entwickelt, auf dem Weg zu Gott ist. Wir müssen uns bewußtmachen, daß wir unsere Wirklichkeit selbst schaffen. Alles hat nur eine Beziehung zu uns oder eine Bedeutung für uns, wenn wir ein Bezugssystem entwickelt haben, in das wir es einordnen können. Anders ausgedrückt: *Gott kann niemals in uns lebendig werden, wenn wir ihn nicht kraft Geistes in uns und um uns entdecken.* Das aber setzt voraus, daß wir uns um unsere geistige Entwicklung bemühen.

Solange jemand nicht versucht hat, eine Beziehung zum inneren Universum des Geistes herzustellen, existiert Geist für ihn nicht. Und wenn jemand nie nach der Existenz Gottes fragt, ist Gott tot, und er wird für ihn tot bleiben.

Ein anderer Grund für die scheinbare Irrelevanz des Christentums für die Welt unserer Zeit liegt darin, daß die Menschen es nicht fertiggebracht haben, ein den Idealen des Christentums entsprechendes Leben zu führen. Nichts hat Bedeutung oder eben Relevanz, wenn es nicht in der Anwendung erprobt und erfahrungsgemäß im Bewußtsein verankert ist. GEORGE BERNHARD SHAW hat einmal gesagt, das einzige Problem mit dem Christentum sei, daß man es nie ausprobiert habe. (Das könnte man von allen großen Weltreligionen sagen. Nur wenigen Menschen ist es gelungen, die Ideale ihrer Religion in ihrem Leben zu verwirklichen.)

Natürlich muß man, um ein christliches Leben führen zu

können, zunächst wissen, was christliches Leben ist, und
man muß die Lehren, die JESUS CHRISTUS verkündet hat, begriffen und sie sich zum Anliegen gemacht haben. Der Wesenskern aller Lehren Jesu – und ausnahmslos aller Lehren
der großen Weltreligionen – ist die Liebe. Und wie wenig
versteht unsere Welt von Liebe! In der Wissenschaft, vor allem in der Psychologie und in der Medizin, finden wir viele
Hinweise auf die *zentrale Bedeutung der Liebe,* viele Beweise
für das, was Jesus uns über sie gelehrt hat.

Dessenungeachtet haben die meisten Menschen sich mit
sehr »realistischen« Ausdeutungen des Liebesbegriffs be-
gnügt. Es gibt die Hollywood-Version der Liebe, die rein
physischer Anziehungskraft. Es gibt eine von Liebe redende
Profit-Variante des Begriffs, die auf Ausbeutung und mate-
riellen Besitz abzielt. Und es gibt eine Macht-Variante des
Liebesbegriffs, die auf pure Machtausübung gerichtet ist. In
Wirklichkeit sind das Begriffe, die mit Wollust, Habgier und
Machthunger zu tun haben, aber nicht im geringsten mit
Liebe.

Ich werde ausführlich über das Wesen der Liebe in Kapitel 8 zu sprechen kommen. Hier will ich nur darauf hinweisen, daß PAULUS in seinem *Ersten Brief an die Korinther* (13
und 14) eine erhebende und gültige Definition des Begriffs
Liebe gibt. (Ich habe diese Textstelle auszugsweise schon in
Kapitel 2 zitiert, vollständig finden Sie sie in Kapitel 8.)

Die Psychologie und die Medizin haben unwiderlegbare
*Beweise für die destruktive Kraft des Hasses und die auf-
bauende Kraft der Liebe* geliefert. Wir wissen heute, daß zum
Beispiel Magengeschwüre – als Symptom eines typischen
psychosomatischen Leidens – häufig durch Sorgen, Ärger
oder Haß verursacht werden. Ein Magengeschwür kann
einen Menschen so irritieren, daß er unfähig wird, seine All-

tagsaufgaben zu bewältigen oder auch nur einen fruchtbaren Meinungsaustausch zu führen; er wird praktisch leistungsunfähig.

Das Christentum lehrt uns, daß Haß den Hassenden zerstört, daß man einen Feind nur durch Liebe bezwingen kann. Auch die Wissenschaft beweist, daß der Haß dem Menschen, der haßt, schadet, nicht dem, der gehaßt wird. Und ebenso *wissen wir, daß Liebe, die uns aus dem unendlichen Geist zuwächst, uns die Kraft gibt, im Leben mit jeder Situation fertig zu werden.* Jedes menschliche Wesen ist in der Lage, die unendliche Kraft des Geistes zu demonstrieren.

Man könnte vielleicht einwenden, daß Sorge sehr wenig mit Haß zu tun hat. Doch das Gegenteil ist wahr. Sichsorgen hat sehr viel mit Hassen zu tun. Was ist Sich-Sorgen-Machen anderes als Angst vor Versagen, Angst, eine Situation nicht erfolgreich meistern zu können? Wer aber Angst hat, hat Zweifel an sich selbst, an seiner Fähigkeit, seiner Kraft. Selbstzweifel deuten aber auch auf den Mangel an Liebe zu sich selbst hin und, jedenfalls, auf den Mangel an Glauben an die sieghafte Kraft des Geistes. Wer unter solchem Mangelzustand sein Leben fristet, haßt nicht nur andere, sondern oft auch sich selbst. Unter welchem Aspekt man immer den psychologischen Mangelzustand, sich zu sorgen, betrachtet, man wird feststellen müssen, daß er die Antithese der Liebe ist und somit in direktem Widerspruch zur christlichen Lebensauffassung steht.

Untersuchungen namhafter Wissenschaftler haben die Macht des Geistes über den Körper, die Fähigkeit des Geistes, körperliche Funktionen zu steuern und zu kontrollieren, bestätigt. Für Menschen, die das Wesen der Lehre JESU begriffen haben, stellten diese Ergebnisse wissenschaftlicher Forschung keine große Überraschung dar.

Einschlägige Untersuchungen haben gezeigt, daß gezieltes Denken den Blutkreislauf zu beeinflussen und den gesamten Stoffwechsel zu verändern vermag. Der berühmte Nobelpreisträger und Arzt JOSHUA LEDERBERG hat von Experimenten berichtet, bei denen der Umlauf des Blutes vermöge rein psychischer Beeinflussung verändert wurde. Professor MILAN RÝZL, einer der Pionierforscher wissenschaftlicher Parapsychologie, hat in seinem heute weltweit verbreiteten Schrifttum dargetan, daß das Phänomen sowohl der außersinnlichen Wahrnehmung (Telepathie und Hellsehen) als auch der Psychokinese, also der Beeinflussung materieller, auch biologischer Abläufe, kraft Geistes eine Tatsache ist, die nicht länger von der Hand gewiesen werden kann. Professor LOUISA RHINE hat eingehend über die an der Duke-University in Durham durchgeführten einschlägigen Experimente berichtet.

Diese und viele andere Wissenschaftler haben die Macht des Geistes über die Materie und somit auch über den Körper experimentell nachgewiesen. JESUS sagt dem *Johannesevangelium* (14, 12) zufolge: »Wahrlich, wahrlich, ich sage euch: Wer an mich glaubt, der wird die Werke, die ich tue, auch tun, und er wird noch größere als diese tun ...«

Wir sollten die Wunderheilungen, von denen die Bibel berichtet, nicht als isolierte oder gar legendär aufgebauschte Ereignisse abtun. Die wissenschaftliche Forschung, insbesondere der Psychologie, der Parapsychologie und Biophysik, hat Fakten entdeckt, die ungewöhnliche Heilungen vermöge psychischer Kräfte – als natürliche Phänomene – nicht in den Bereich des Wunders verweisen. Die Macht des Geistes über die Materie, also einer Energiekraft über eine andere, gilt heute als erwiesen. Man sollte sich an das weise Wort des heiligen AUGUSTINUS erinnern: »Wunder sind kein

Widerspruch zur Natur, sondern nur ein Widerspruch zu dem, was wir über die Natur wissen.«

Viele Menschen haben mir gesagt, sie könnten nicht an die These glauben, daß von Gedanken Kraft oder Energie ausgehe. Der Grund für die Unfähigkeit, die Idee einer »unsichtbaren Kraft« zu verstehen oder zu akzeptieren, scheint offensichtlich darin zu liegen, daß diese Kraft durch unser sensorisches System nicht wahrzunehmen ist. Vielleicht halten auch Sie die erwähnte Tatsache bloß für eine Hypothese, an die Sie nicht glauben können. So frage ich Sie denn: Wie oft haben Sie die Kraft des Treibstoffes gesehen, die Ihren Wagen in Bewegung setzt? Wie oft haben Sie die Energie, die über elektrische Leitungen in Ihr Haus kommt, also Elektrizität gesehen? Oder wann haben Sie die Heizkraft des Dampfes gesehen?

Niemand von uns sieht tatsächlich Kraft oder Energie; wir sehen immer nur die Ergebnisse einer Kraft- oder Energieleistung. Wenn wir genau zu beobachten verstehen, dann werden wir viele Beweise für die Kraft des Geistes finden, Aktionen und Reaktionen des Körpers zu lenken, ja sogar den Zustand unseres Körpers sowie unser Verhalten zu steuern. Wenn die potentielle Kraft des Denkens sich mit der immensen Kraft des unendlichen Geistes verbindet, dann gibt es keine Grenzen für das, was wir zu leisten vermögen.

ALBERT SCHWEITZER hat zur Demonstration der »unsichtbaren Kraft« den folgenden Vergleich benutzt: Wir sehen keine Kraft in einem Tropfen Wasser; aber läßt man das Wasser in eine Felsspalte sickern und sich in Eis verwandeln, so zerreißt es den Felsen. Wenn es sich in Dampf verwandelt, treibt es die Kolben der stärksten Motoren an. Es ist etwas mit ihm geschehen, das die Kraft, die latent in ihm vorhanden ist, aktiv und wirksam macht.

Der Mensch hat sehr oft die Absicht und den Sinngehalt
der *Heiligen Schrift* so sehr mißdeutet und mißverstanden
oder so entstellt und verzerrt, daß das Christentum häufig zu
Zwecken mißbraucht wurde, die in absolutem Gegensatz zu
seinen wahren Zielen stehen. Die Vernichtungen, die soge-
nannte Christen während der Kreuzzüge und der Inquisition
angerichtet haben, sind nicht die einzigen, wenn auch wohl
die schändlichsten Beispiele. Auch heute noch gibt es Menschen, die sich auf die Bibel berufen, um die unmenschlich-
sten Taten und die grausamsten Quälereien zu rechtfertigen.

Könnte es sein, daß JESUS mit seinem Aufruf, in alle Welt
zu gehen und allen Völkern seine Botschaft zu bringen, die
sich potenzierende Kraft der Liebe gemeint hat? Das wäre
der sicherste Weg, alle Völker, alle Menschen zu erreichen.
Liebe war ja immer die wesentliche Botschaft Jesu. Er hat uns
immer und immer wieder ermahnt, unser »Licht vor den
Menschen leuchten zu lassen«, damit alle uns als seine Jünger erkennen.

Menschen, die von Liebe erfüllt sind, strahlen Energie
aus, die Licht und Wärme spendet. Liebende Menschen
scheinen von einer Aura hellen Lichts umgeben zu sein. Die
Kraft der Liebe ist noch viel mächtiger als die Kraft positiven Denkens. Positives Denken als ein verstandesmäßig
kontrollierbarer Vorgang ist sehr hilfreich und sehr wichtig,
aber ohne Liebe, den ihm entsprechenden Gefühlsaufwand,
ist es nicht annähernd so effektiv, wie es sein könnte.

Sind Sie sich jemals bewußt geworden, daß die größte re-
volutionäre Kraft, eine Kraft, die die Welt »in ihren Grund-
festen« verändern könnte, die Liebe ist? Jesus lebte dreiund-
dreißig Jahre lang auf Erden. Ein einfaches Rechenexempel
zeigt das folgende erstaunliche Ergebnis: Wenn nur ein
Mensch in diesem Jahr einen anderen Menschen fände, mit

dem er sich in vollkommener Liebe verbände, und wenn diese beiden Menschen im nächsten Jahr je einem anderen Menschen ihre Liebe weitergäben, und wenn sich dieser Vorgang in jedem Jahr fortsetzte, würde nach zweiunddreißig Jahren etwa die Hälfte der Menschheit davon erfaßt – im dreiunddreißigsten Jahr würde die Liebe die ganze Welt umfassen.

Ist es vielleicht das, was Jesus meinte, als er sagte: »Darum geht hin und macht alle Völker zu Jüngern...« (Matthäus 28, 19)? Ist es das, was er meinte, als er sagte: »So soll euer Licht leuchten vor den Menschen...« (Matthäus 5, 16)? Zweifellos strahlen Menschen, die Liebe im Herzen tragen, Licht, Energie, Wärme aus.

Die christliche Lehre kann uns wertvolle praktische Anregungen für unser Leben geben. Sie enthält eine Fülle psychologisch fundierter Leitsätze, die unser Leben sinnvoller machen und christliches Gedankengut für die moderne Welt wirklich relevant machen könnten. Wir sollten uns diese Lebensregeln durch deren möglichst häufige Vergegenwärtigung zu eigen machen.

Im *Alten* und im *Neuen Testament* wird immer wieder die Bedeutung des Gebetes, der Meditation, des Stilleseins hervorgehoben. Tatsächlich ist es unglaublich, was stille Meditation und die geistige Hinwendung zu Gott im Gebet psychisch und physisch zu bewirken vermögen. *Die innere Sammlung und Ausrichtung auf Gott als den Inbegriff der Liebe, der Güte und des vollkommenen unendlichen Geistes hat unfehlbar heilende und aufbauende Wirkung.*

Namhafte Psychologen unserer Zeit, wie etwa auch CARL GUSTAV JUNG, haben auf diese Tatsache hingewiesen. Im vergangenen Jahrhundert hat der amerikanische Philosoph und Dichter RALPH WALDO EMERSON uns gelehrt, daß gei-

stige und körperliche Gesundheit durch das bewußte Bestre-
ben erzielt wird, in allen Erscheinungen und Erfahrungen
das Gute zu sehen und uns in unserem Denken, Glauben
und Fühlen an dieses Gute zu halten.

Wenn wir uns negativen Denk- und Vorstellungsinhalten
und destruktiven Gefühlsmustern überlassen, dann sind wir
nicht auf das Gute ausgerichtet. Die Vergegenwärtigung und
Erwartung des Negativen haben die gleiche zerstörerische
physische und psychische Wirkung wie etwa Haß. Indem
wir uns in die Stille zurückziehen und betend oder meditierend der Vollkommenheit des unendlichen Geistes, an dem
wir teilhaben, gewahr werden, sind wir auf das Gute um uns
und in uns ausgerichtet. Nur eine solche positive Geistes-
und Gefühlshaltung ermöglicht uns, uns selbst und auch unseren Nächsten zu lieben und uns körperlicher und seelisch-
geistiger Gesundheit zu erfreuen.

CARL GUSTAV JUNG hat dargelegt, daß der Grundtrieb des
Menschen die Suche nach einem Sinn des Lebens ist und
daß diese Suche die eigentliche Motivation unseres Handelns ist. Dieser Sinn wird uns betend oder meditierend klar.

Es ist übrigens eine wissenschaftlich bewiesene Tatsache,
daß unser Gehirn und unser Nervensystem nicht in der Lage
sind, den Unterschied zwischen einer intensiv und bildhaft
vorgestellten Realität und der Realität selbst zu erkennen.
Wir können also auch daraus ableiten, wie wichtig es ist, daß
wir uns auf das Gute konzentrieren und uns dies zur Gewohnheit machen. So gesehen hat der Vorsatz, etwas Gutes
zu tun, tatsächlich fast schon denselben Wert wie die Verwirklichung des Guten selbst.

Die Psychologie vertritt, wie schon erörtert wurde, die
gleiche Auffassung: *Wenn wir uns etwas intensiv genug vorstellen, wird es für uns zur Realität.*

Um heute Christentum zu praktizieren und für die Welt relevant zu machen, brauchen wir uns nur an das zu halten, was die christliche Verkündigung uns gelehrt hat. Allerdings sollten wir auch wissen, wieviel Weisheit auch im wissenschaftlichen Sinn in der Verkündigung der in die Bibel eingegangenen Großen des Geistes enthalten ist. Sehr oft jedoch sind ihre Lehren durch dogmatische Einengungen verzerrt worden. An die Stelle ursprünglicher lebendiger Verkündigung sind philosophisch-theologische Lehrmeinungen getreten.

Als KOPERNIKUS sein neues heliozentrisches Weltbild begründete, das die Sonne in den Mittelpunkt der Welt stellte, geriet er in Konflikt mit der theologischen Lehrmeinung der Kirche. Seine *Sechs Bücher über die Umläufe der Himmelskörper* wurden 1616 durch einen Erlaß der Indexkongregation als unvereinbar mit der kirchlichen Lehre verworfen. Gleichzeitig wurden die beiden Thesen des GALILEO GALILEI, denen zufolge die Sonne der Mittelpunkt der Welt ist und nicht die Sonne, sondern die Erde sich bewegt, als »absurd, philosophisch falsch, theologisch häretisch und irrig« verurteilt.

So scheiterte seinerzeit wissenschaftliche Forschung an vorgegebenen philosophischen Grundsätzen. Die damals verteidigte dogmatische Lehrmeinung über das Weltsystem findet aber ihre Begründung nicht in der ursprünglichen Lehre der christlichen Religion, wie sie in der *Bibel* verkündet ist. Zwar enthält diese keine Beweise dafür, daß die Erde sich um die Sonne dreht; ebensowenig aber läßt sich aus ihr ableiten, daß die Erde der Mittelpunkt der Welt sei, um die sich alle anderen Himmelskörper bewegen. Es gibt sogar einige Textstellen, die durchaus eine naturwissenschaftliche Deutung zulassen.

Mit diesen Beispielen möchte ich – obwohl mir das zu sagen nicht leichtfällt – die Tatsache unterstreichen, daß die Kirchen selbst das Christentum zu einer scheinbar irrelevanten und jedenfalls für viele Menschen, vor allem für die kritische Jugend, nicht mehr sinngebenden Institution gemacht haben, indem sie das Christentum mit dogmatischen Lehrmeinungen durchsetzen wollen. Dieser Versuch ist zum Scheitern verurteilt!

Unsere Kirchen haben so manche Aspekte der Lehre JESU ignoriert, weil sie – zu irgendeiner Zeit – nicht in das philosophisch-theologische Gefüge ihrer konfessionellen Eigenart paßten. Damit haben sie dem Christentum seine lebendige Kraft genommen und zugleich einen unüberbrückbaren Gegensatz zu wissenschaftlichen Erkenntnissen unserer Zeit aufgebaut.

Fassen wir zusammen, was das Christentum zu einer relevanten Kraft in unserer Zeit machen könnte und *wie der Geist Gottes, an dem wir kraft Geistes teilhaben, in uns lebendig werden kann:*

○ Wir müssen unsere Vorurteile, unsere Befangenheit und unsere von Dogmen herbeigeführte Ratlosigkeit ablegen. Kehren wir zurück zu den ursprünglichen Wahrheiten und Weisheiten des Christentums und vergessen wir Ritual und Dogma!

○ Wir müssen uns zunächst und vor allem der Liebe öffnen. Wir müssen anfangen, das Gute zu denken und in allen Dingen und Geschöpfen zu sehen. Die Suche nach dem Guten wird uns zu Gott führen. Wir müssen lernen, unseren Nächsten zu lieben wie uns selbst. Das setzt voraus, zunächst zu lernen, sich selbst zu lieben. Wir müssen verstehen, daß jeder Mensch Teil eines Ganzen und zu-

gleich einzigartig ist. Alle Menschen sind Gottes Geschöpfe. So kann auch nur der siegen, der sogar seine
Feinde liebt. Liebe ist das Fundament der Botschaft JESU.

○ Machen wir uns die »goldene Regel« zur Richtschnur
unseres Handelns, dann brauchen wir kaum noch andere
Gesetze. *Die goldene Regel ist die Quintessenz der Bergpredigt:* »Alles nun, was ihr wollt, das euch die Leute tun
sollen, das tut ihnen auch! Denn das ist das ganze Gesetz
und die Propheten« (Matthäus 7, 12).
Was bedeutet »tun« im Sinne der goldenen Regel? Der
altgriechische Text verwendet den Terminus ποιεῖν (pho-
netisch »poiein«). Dieses Wort hat aber sowohl die Bedeutung »tun«, impliziert also äußere Handlung, als
auch die Bedeutung »für etwas halten, erachten«, was
einen Denkvorgang beschreibt. Man könnte die goldene
Regel also auch so interpretieren: »Alles nun, was ihr
wollt, daß die Leute von euch denken sollen, das denkt
auch von ihnen.«
Wir sollen also nicht nur anderen Gutes tun, sondern wir
sollen auch *gut von anderen denken.* Gutes denken, das
heißt folgerichtig lieben. Mit dieser Formulierung schließen wir jede rein materialistische Interpretation der goldenen Regel aus. Nicht wer sich mit äußerer Wohltätig-
keit ein christliches Mäntelchen umhängt, praktiziert
Christentum, sondern nur der, der gut von anderen denkt
– der die Liebe zur Richtschnur seines Handelns macht.

○ Wir müssen die wissenschaftlich erwiesene Tatsache anerkennen, daß alle Materie letztlich Energie ist. Auf der
Hand liegt damit die große Bedeutung, die diese wissenschaftliche Erkenntnis für die christliche Lehre hat. Die
Natur der Materie war durch die Jahrhunderte hindurch
eines der umstrittensten Themen aller Forschungsarbeit

gewesen – ganze philosophische und theologische Systeme sind um dieser Thematik willen aufgebaut worden. Die Atomzertrümmerung hat endgültig bewiesen, daß alle Materie auf Energie zurückzuführen ist.

Wenn jedoch alle Materie Energie ist, dann muß irgendwo ein gewaltiges Energiepotential existieren, und es muß sehr effektive Möglichkeiten geben, diese Energie freizusetzen. Zunächst sei klargestellt: Es geht hier nicht darum, den Ursprung der Energie beweisen zu wollen – wer könnte das! Aber vergegenwärtigen wir uns einmal die Aussage im Schöpfungsbericht der *Genesis*: »Und Gott schuf den Menschen zu seinem Bilde, zum Bilde Gottes schuf er ihn...« (1. Mose 1, 27). Das könnte doch nahelegen, daß Gott, den wir als den vollkommenen unendlichen Geist begreifen, Energie ist und daß der Mensch – nach dem Bilde Gottes – aus seiner reinen Energie geschaffen ist.

Heute ist das große Energiepotential, das im menschlichen Denken und Fühlen latent vorhanden ist, wissenschaftlich nachgewiesen. Je positiver die Inhalte des Denkens und je mehr diese von Liebe erfüllt sind, desto mehr Energie wird freigesetzt. Die Psychologie hat bewiesen, daß der Mensch durch die Fixierung auf die Vergangenheit und durch Haß und andere destruktive Gefühle die Entfaltung seines Wesens und somit die Freisetzung von Energie hemmt. Um mehr Energie zu erzeugen beziehungsweise freizusetzen, müssen wir mehr lieben, müssen wir uns durch positives Denken das Gute – auch in unserem eigenen Wesen – vergegenwärtigen und so mobilisieren. Anders ausgedrückt: Wir müssen die geistig-seelische Seite unseres Wesens *entwickeln, um der Kraft des unendlichen Geistes teilhaftig zu werden und um*

sie als in uns agierende Gotteskraft zu erfahren.
Interessanterweise ist die Bibel voll von Hinweisen auf
diese Zusammenhänge. Die schon erwähnte Geschichte
von Lot und seinem Weib, die aus Sodom und Gomorrha fliehen, ist ein eindrucksvolles Beispiel.

O Um das Christentum relevanter für unsere Zeit zu machen, müssen wir uns beim Lesen der *Heiligen Schrift*
und der Werke großer religiöser Lehrer immer bewußt
sein, daß sie die Sprache ihrer Zeit sprechen und die großen Wahrheiten in den Bildern und Vorstellungen, die
den wissenschaftlichen Erkenntnissen ihrer Zeit entsprechen, verkünden. Wir müssen stets versuchen, den meta-
physischen Sinn der Lehre zu entschlüsseln.

O Vielleicht einer der wichtigsten aller »vergessenen« Lehren des Christentums besteht darin, daß wir *dem Leben
mit Freude begegnen* sollen. Wir müssen uns darüber
klarwerden, daß alle Lehren JESU von einer durch und
durch positiven Grundhaltung bestimmt waren. Jesus äu-
ßerte sich niemals negativ, niemals destruktiv, und seine
Worte und Taten waren von Freude und tiefer Liebe für
die Schöpfung und alle Geschöpfe erfüllt. Wir sollten die
Lehre Jesu nicht mit zuviel feierlichem Pomp und rituel-
ler Förmlichkeit umgeben, denn damit wird ihr die
Spontaneität und die Freude genommen.
Psychologie und Psychiatrie betonen die für unsere Gesundheit und unseren Lebenserfolg *entscheidende Wichtigkeit der Begeisterung, der spontanen Freude, der positiven Erwartungshaltung*. Das ist der Wesenskern auch der
Lehre Jesu. Wir müssen lernen, mehr zu lachen, unseren
Mitmenschen zuzulächeln, durch unsere Worte und Ta-
ten Freude zu verbreiten, wie Jesus das getan hat. Durch
Begeisterung und Freude können wir unser »Licht leuch-

ten lassen vor den Menschen«. Freude erwächst aus dem
Verstehen der Wahrheit, der Wahrheit über unsere Welt,
über die Menschen, über uns selbst. Sie entspringt dem
Bewußtsein, daß wir Geschöpfe sind, die Gott ausge-
zeichnet hat, indem er uns nach seinem Bilde schuf.
Indem wir den Glauben an uns selbst anderen Menschen
mitteilen, entfalten wir unsere Persönlichkeit. Eine reife
Persönlichkeit ist eine befreite Persönlichkeit – eine, die
sich nicht fürchtet, die Zutrauen zu ihrer Fähigkeit hat,
die Probleme des Lebens zu meistern. Das Christentum
lehrt uns, daß alle Kraft in unserem Innern ist, daß Gott
jeden Menschen als einzigartig erschaffen hat und daß
der Geist und die Kraft Gottes zu jeder Zeit um uns und
in uns sind.

Wir sollten uns darüber freuen, daß wir wirklich frei sind,
sobald wir uns zur Freiheit entschließen, und daß wir als Geschöpfe Gottes geistig gesehen unverletzbar sind. Wir sollten
der Lehre JESU vertrauen und nach seinen Worten zu leben
versuchen. *Dann werden wir Liebe, Glück und Harmonie finden, und das Christentum, das wir leben, wird für die Welt von
heute von höchster Relevanz sein.* Wir können die Fröhlichkeit und Begeisterung überzeugter Christen praktizieren. Indem wir den sieghaften Geist in uns erwecken, wird Gott in
uns lebendig.

4
Die Entwicklung der unterentwickelten immensen Kraft des Geistes

Eine der wichtigsten alttestamentarischen Botschaften finden wir im *Buch Hiob* (32, 8): »Aber der Geist ist es in den Menschen und der Odem des Allmächtigen, der sie verständig macht.«

Man kann diese Textstelle auf verschiedene Weise interpretieren. Ich fasse ihren Sinn so auf: Gott ist bereit, die uns Menschen eingegebene Sehnsucht nach geistiger Entwicklung zu erfüllen. Diese Idee ist, glaube ich, von enormer Bedeutung gerade heute in einer Welt, die sich so weit von allen geistigen Werten entfernt hat und Trost und ersatzweises Glück im Materiellen sucht. Aber die Zuflucht beim Materiellen hat die Menschen enttäuscht und völlig ratlos gemacht.

In zahlreichen Arbeiten kommen zeitgenössische Verhaltensforscher und namhafte Psychologen, die sich mit dem Thema der Kreativität des Menschen beschäftigt haben, zu der Schlußfolgerung, daß der Mensch sich stärker der Natur und der »Magie des Glaubens« annähern muß, wenn er wirklich kreativ und somit einer glücklichen Lebensweise fähig werden will.

In diesem Zusammenhang ist interessant, was DEAN GRES-
HAM über CHARLES DARWIN berichtet hat: »In einem seiner
Briefe erwähnt er, wie nach seiner eigenen Erfahrung Fähigkeiten durch Nichtgebrauch verlorengehen können. Darwin
sagt, daß er Shakespeare, von dem er einst so begeistert gewesen war, schließlich so unerträglich langweilig gefunden
habe, daß er selbst seine besten Stücke buchstäblich als Qual
empfunden habe. Außerdem habe er jeden Geschmack an
Musik, Kunst und Dichtung verloren. Er sagt, sein Verstand
sei eine Art Maschine geworden, die allgemeine Gesetze aus
großen Mengen gesammelter Fakten herausmahle, und daß
infolgedessen der Teil seines Gehirns, von dem die höheren
Empfindungen abhängen, geschrumpft ist. Darwin erklärt,
daß er, wenn er sein Leben noch einmal zu leben hätte, es
sich zur Regel machen würde, mindestens einmal in der Wo-
che gute Poesie zu lesen und Musik zu hören, damit die jetzt
atrophierten Teile seines Gehirns durch Gebrauch aktiviert
würden. ›Der Verlust des Sinns für das Künstlerische‹, ge-
steht er, ›führt zu einem Verlust an Glück, der schädlich für
den Geist ist und möglicherweise für die moralische Natur,
weil er den emotionalen Teil der menschlichen Natur
schwächt.‹«

Die eingangs dieses Kapitels zitierte Textstelle des *Buches
Hiob* hebt die Fähigkeit des Menschen hervor, die wir als
Spiritualität oder eben als Kraft des Geistes bezeichnen. Moderne Wissenschaft spricht in diesem Zusammenhang von
intuitiven Erkenntnissen, von Eingebungen des Unterbe-
wußtseins oder, in der Terminologie CARL GUSTAV JUNGS,
von Impulsen des Unbewußten, unter Umständen des kollektiven Unbewußten. Die Metaphysik hat diese Fähigkeit
des Menschen als dessen geistige Natur bezeichnet.

Diese Fähigkeit muß natürlich ebenso entwickelt werden,

wie die Fähigkeiten beispielsweise des Sprechens, Hörens und Sehens, des Lernens und Gehens entwickelt werden müssen. Wer würde von einem Kind erwarten, daß es läuft, bevor es zu stehen gelernt hat? Wer erwartet, daß ein Kind spricht, bevor es Menschen sprechen gehört hat? Wer würde von einem Kind erwarten, etwas, das es sieht, zu erkennen und beim Namen zu nennen, bevor es dessen Sinn begriffen und dessen Namen kennengelernt hat?

Aber die meisten Menschen erwarten, daß ihre Befähigungen kraft Geistes vollentwickelt verfügbar sein müßten, ohne daß sie das geringste dazutun müssen. Und selbst alle diejenigen, die der Kraft des Geistes vertrauen, erwarten, daß ihre geistige Kraft – die innere Führung durch Gott – voll wirksam ist, wenn sie sie brauchen.

Wenn es im *Buch Hiob* (32, 8) heißt: »Aber der Geist ist es in den Menschen und der Odem des Allmächtigen, der sie verständig macht«, so wird eindeutig festgestellt, daß dem Menschen ein wunderbarer Geist innewohnt, der an dem unendlichen vollkommenen Geist Gottes teilhat. Unter dem »Odem des Allmächtigen« könnte man göttliche Inspiration verstehen oder schlicht unsere innere Führung.

Im Laufe der Jahrtausende wurden dieser dem Menschen innewohnenden unendlichen Kraft des Geistes viele Namen gegeben. Man hat sie als »Instinkt«, als »Intuition«, »Inspiration« und als »Schöpferkraft« bezeichnet; religiöse Menschen haben sie als ihren »Schutzengel« angesehen. Wie immer sie bezeichnet wurde, sie ist nicht als die lebendige Kraft in uns erkannt worden, die sie ist.

Wenn uns etwas mißlingt, sagen wir geradezu fatalistisch: »Es ist Gottes Wille.« Seltsamerweise fällt uns das nicht ein, wenn wir Erfolg haben. Wir neigen dazu, die Schuld auf Gott abzuschieben; Erfolg nehmen wir für uns selbst in An-

spruch. Warum bedienen wir uns nicht voll Vertrauen der
unendlichen Kraft unseres Geistes? Worauf ist unsere fatali-
stische Haltung zurückzuführen? Wir sind uns unserer wunderbaren geistigen Fähigkeit kaum bewußt, *wir versuchen
nicht, sie zu entwickeln und in unserem Leben zu benutzen.*
Natürlich würden wir auch die Fähigkeit, zu sprechen und
zu schreiben, skeptisch beurteilen, wenn wir beides nicht gelernt hätten!

Vielleicht ignorieren wir diese unsere Quelle immenser
Kraft, weil geistige Fähigkeiten in einer durch und durch
materialistisch orientierten und fatalistisch eingestellten Gesellschaft so besonders schwer zu entwickeln sind. Wir suchen unsere innere Kraft in der Regel erst, wenn alle anderen Mittel, unsere Probleme zu lösen, versagt haben. Meist
führt uns erst die Ausweglosigkeit zu Gott. Die Feststellung
»Es gibt keine Atheisten in Schützengräben« trifft den Kern
des Problems.

Ich weiß das aus eigener Erfahrung, weil auch ich nur aus
Verzweiflung zu Gott gefunden habe. Eine erste Erfahrung
machte ich während meiner Dienstzeit als Marineoffizier im
Zweiten Weltkrieg. Als unser Schiff von einem japanischen
Schlachtschiff beschossen wurde, nachdem bereits mehrere
Schiffe unseres Konvois versenkt worden waren, schien alles
verloren zu sein. Unser Geleitschutz war nicht zur Stelle, die
Wetterbedingungen waren denkbar ungünstig. Unsere Lage
war hoffnungslos.

In dieser verzweifelten Situation wandten sich viele von
uns an Gott, wir beteten laut; und Gottes Antwort erschien
uns allen als ein Wunder. Unser Schiff entkam dem Feuer-
hagel.

Ich war dankbar, gerettet worden zu sein, aber meine Hinwendung zu Gott wurde bald wieder von meiner materialisti-

schen Denkungsart verdrängt. Es bedurfte eines zweiten, mich tief aufwühlenden Erlebnisses, damit ich mir der in mir wie in jedem Menschen wunderwirkenden Kraft des Geistes und meiner Fähigkeit, sie wirksam werden zu lassen, bewußt wurde. Wieviel weiser und glücklicher hätte ich schon viele Jahre zuvor sein können, wenn ich frühzeitig gelernt hätte, die Fähigkeit meines Geistes zu entwickeln! So habe ich allerdings an mir die Wahrheit erfahren, daß »große Nöte Segnungen sind«. Sie erschließen uns das »Reich Gottes, das in uns ist« – die immense Kraft des unendlichen Geistes.

Wir sollten uns von Kindheit an auf Gott und das Göttliche in uns einstimmen. Nur so können wir die Kraft unseres Geistes entwickeln. Es ist eine Lernerfahrung – wie wir sprechen, gehen und schreiben lernen.

Welche Eltern sind nicht zutiefst bekümmert, wenn ihr Kind Schwierigkeiten hat, erste Schritte zu machen, seine Augen zu konzentrieren, Geräusche wahrzunehmen und so weiter. Tägliches Üben, ständiges Überwachen, unter Umständen ärztliche Hilfe wären selbstverständliche Maßnahmen. Aber nur wenige Eltern fühlen sich betroffen, wenn ihr Kind geistig-seelisch keine Fortschritte macht. Viele Eltern und auch so manche Psychologen und Psychiater zeigen sich besorgt, wenn ein Kind zuviel kreative Phantasie an den Tag legt oder sich ungewöhnlich still und kontemplativ verhält.

Wer öfter in fernöstlichen oder arabischen Ländern gewesen ist, muß dort die glückliche und fröhliche Art der jungen Menschen bemerkt haben und dies selbst in den wirtschaftlich ärmsten Gegenden. Forscht man nach den Ursachen, so erfährt man, daß diese Jugend theoretische und praktische Unterweisung in der Entwicklung ihrer geistigen Fähigkeiten erhält. Sie lernt, wie man in sich geht, wie man meditiert, wie man betet, wie man seine geistig-seelischen Kräfte aktiviert.

Ich kenne viele Leute, die den »typischen Orientalen« der
buddhistischen oder hinduistischen Glaubensgemeinschaften für den fatalistischsten aller Menschen halten. Das
stimmt nicht. Es ist richtig, daß der Buddhist und der Hindu
oft den Ausdruck der Ergebenheit gebrauchen: »Es ist Gottes Wille!« und daß sie an das Gesetz des Karmas glauben
(das dem christlichen Gesetz vom Säen und Ernten sehr ähn-
lich ist); doch von ihrer Religion her werden diese Menschen von Jugend auf angehalten, daß sie ihr Bestes tun
müssen, um Konflikte und Schwierigkeiten ihres Lebens zu
überwinden, *daß sie ihren Körper, ihren Geist und ihre Seele
zur Vollkommenheit entwickeln müssen,* damit das Karma erfüllt werde. Sie glauben, daß jeder Mensch in seinem Leben
bestimmte Verpflichtungen zu erfüllen hat; aber ob er dieser
Verpflichtung nachkommt, ist ganz in seine Entscheidung
gestellt. Die Entwicklung der Geist-Seele ist oberstes Gesetz.
Von Fatalismus kann angesichts dieser Einstellung nicht die
Rede sein.

Zu den bedeutsamsten Lehren, die JESUS verkündet hat,
zählt die *Lehre, daß wir einen freien Willen haben.* Wir haben
alle mit bestimmten Problemen und Schwierigkeiten zu
kämpfen. Aber welche Einstellung wir unseren Schwierigkeiten und Konflikten gegenüber beziehen, wie wir uns mit
ihnen auseinandersetzen, wie sie uns beeinflussen, ob wir an
ihnen wachsen oder ob sie uns erdrücken, das liegt allein an
uns. Die Entwicklung der uns innewohnenden immensen
Kraft des Geistes entscheidet darüber, ob Probleme und
Schwierigkeiten für uns Sprungbretter oder Stolpersteine
werden, ob sie uns zum Segen gereichen oder zum Verhäng-
nis.

Wenn wir unsere geistigen Fähigkeiten nicht entwickeln,
wenn wir sie vernachlässigen, wenn wir sie verkümmern las-

sen, dann bleibt unser Leben unerfüllt und unbefriedigend, selbst wenn wir in materiellem Überfluß leben. Glücklich, reich und zufrieden können wir auf dieser Erde nur sein, wenn wir inneren Frieden und innere Freude haben.

Das aber ist nur möglich, wenn wir den uns innewohnenden göttlichen Geist erwecken und entwickeln und deshalb *in uns gehen, um in unserem Inneren das »Reich Gottes« zu finden, in unserem Geiste, durch den wir Anteil am unendlichen Geist haben.* Es gilt, die immense Kraft des Geistes in uns zu entdecken und an sie zu glauben.

JESUS hat dem *Johannesevangelium* (14, 12–13) zufolge verheißen:»Wahrlich, wahrlich, ich sage euch: Wer an mich glaubt, der wird die Werke, die ich tue, auch tun, und er wird noch größere als diese tun; denn ich gehe zum Vater. Und worum ihr bitten werdet in meinem Namen, das will ich tun, damit der Vater im Sohn verherrlicht wird.«

Wie wunderbar, wie ermutigend ist Jesu Botschaft, daß der Mensch alles erreichen kann, wenn er vom Geist erfüllt ist. Wir sollten sie ernst nehmen. Doch vielleicht ist es nur folgerichtig, daß so viele Menschen unserer Zeit sie überhören – in einer Welt, die den Materialismus über alles stellt und alles Geistige geradezu beargwöhnt.

Es stellt sich uns zwangsläufig die Frage, wie wir die uns innewohnende Kraft des Geistes entwickeln können. Es gibt verschiedene Wege, doch sicher keinen besten oder zweitbesten. Es gibt nur den persönlich richtigen Weg. Auch die Kraft der Muskeln oder die Fähigkeit, zu lesen und zu schreiben, kann man durch sehr unterschiedliche Methoden entwickeln.

Es gibt jedoch Grundregeln, die man beachten sollte:

○ *Schalten Sie Zeiten der Stille ein,* der körperlichen und geistigen Ruhe. Nur in einem körperlich entspannten

und geistig-seelisch harmonischen, von Alltagsproblemen
nicht belasteten Zustand sind Sie innerer Sammlung und
gelöster Innenschau fähig.

○ *Mobilisieren Sie Ihre Vorstellungskraft.* Versuchen Sie die
Schönheit in allem, was ist und lebt, zu sehen und vergegenwärtigen Sie sich das Gute in allen Ihren Erfahrungen und in Ihren Mitmenschen. Sehen Sie in jedem Menschen das Göttliche. Sehen Sie das Göttliche auch in sich
selbst, in Ihrem Geist. So »lieben Sie Ihren Nächsten wie
sich selbst«.

○ *Stützen Sie sich auf einen unerschütterlichen Glauben.* Versuchen Sie das Unsichtbare durch das Sichtbare zu erkennen, und machen Sie sich Ihre Erkenntnis als tiefe
Überzeugung zu eigen. Erleuchtende Erkenntnis kommt
immer von innen. Glauben Sie, was PAULUS bezeugt (Römer 1, 20): »Denn Gottes unsichtbares Wesen, nämlich
seine ewige Kraft und Gottheit, wird seit der Schöpfung
der Welt an seinen Werken mit der Vernunft wahrgenommen, so daß sie keine Entschuldigung haben.«

○ *Öffnen Sie sich der Wahrheit.* Lassen Sie die Ideen Gottes
in sich lebendig werden, damit Sie das Unsichtbare im
Sichtbaren zur Geltung bringen können. Ihr Streben
nach Erkenntnis der Wahrheit wird auch durch inspirie-
rende Lektüre und gute Musik gefördert.

Man hat uns gelehrt, daß es viele Wege zu Gott gibt und daß
jeder Mensch seinen Weg finden muß, um den Gottesgeist in
sich zum Leben zu erwecken. Tatsächlich hat jeder Mensch
seine eigene Methode, doch das Grundsätzliche bleibt sich
gleich. Wenn man beobachtet, wie Kinder gehen lernen,
stellt man fest, daß jedes Kind eine etwas andere Technik
entwickelt, aber bei allen Kindern ist der gemeinsame Nen-
ner der gleiche: der Wunsch, gehen zu können, und die feste

Überzeugung, daß Gehen möglich ist. Ziel! Glauben! Geduld!

Das gleiche gilt auch in geistiger Hinsicht. Sie müssen den Wunsch haben, die Kraft Ihres Geistes zu entdecken und zu entwickeln, und Sie müssen sich die feste Überzeugung aneignen, daß geistige Entwicklung möglich ist. *Sie brauchen ein Ziel und den Glauben und Geduld!*

Der Mensch, der sich der göttlichen Kraft seines Geistes bewußt ist, löst die Probleme des Lebens kreativ und tatkräftig. Er sieht seine Schwierigkeiten als Gnaden an, die ihm nur um so nachhaltiger den Weg zur Freiheit des Geistes weisen und ihn in seinem Vertrauen auf die unbezwingbare Kraft des Geistes nur noch bestärken. Er fühlt sich als teilhaftig des »Reiches Gottes«. Er versteht, was das Wort Jesu meint, daß das Reich Gottes in uns ist. *Er hat sich selbst gefunden und ist sich seiner Teilhabe an der immensen Kraft des unendlichen Geistes bewußt.*

Der Schöpfergeist hat dem Menschen für jede ihm verliehene Fähigkeit ein »Gefäß« geschenkt: Die Seele nimmt alle Formen der Schönheit auf, das Gemüt Freundschaft und Partnerschaft; das Ohr faßt den Klang, das Auge das Licht, der Verstand die Wahrheit. Sollte der Schöpfer uns kein Gefäß für die Kraft des Geistes geschenkt haben? Dieses »Gefäß« für den Geist ist der Geist selbst. Wir ruhen geistig im unendlichen vollkommenen Geist Gottes. Deshalb ist unser höchstes Ziel, diese Einheit mit Gott lebendig zu machen.

Die wohl großartigste Beschreibung dessen, was die Erweckung des göttlichen Geistes in uns bedeuten kann, finden wir in Paulus *Brief an die Galater* (5, 16–25): »Ich sage aber: Führt euer Leben im Geist, so werdet ihr nicht vollbringen, was der selbstsüchtige Wille begehrt. Denn die Selbstsucht widerstrebt dem Geist Gottes und der Geist Gottes der

Selbstsucht; die beiden liegen im Streit miteinander, so daß ihr nicht tun könnt, war ihr eigentlich wollt. Regiert euch aber der Geist, so steht ihr nicht unter dem Gesetz.«

Und weiter Paulus: »Offenkundig sind die Werke des menschlichen Eigenwillens, nämlich: Unzucht, Unreinheit, Ausschweifung, Götzendienst, Zauberei, Feindschaft, Streit, Eifersucht, Zorn, Zank, Zwietracht, Spaltungen, Neid, Saufen, Fressen und dergleichen. Ich habe es euch vorausgesagt und sage es noch einmal: die solche Dinge tun, werden das Reich Gottes nicht erben.

Die Frucht des Geistes aber ist die Liebe, Freude, Friede, Geduld, Freundlichkeit, Güte, Treue, Sanftmut, Selbstbeherrschung. Gegen all dies ist das Gesetz nicht. Die aber Christus Jesus gehören, die haben ihren Eigenwillen samt allen Leidenschaften und Begierden gekreuzigt. Wenn wir im Geist leben, so wollen wir uns auch nach dem Geist richten.«

Wie könnte man es besser ausdrücken! Paulus bekräftigt, daß wir durch die Einstimmung auf Gott und die Erweckung des göttlichen Geistes in uns alle strebenswerten Eigenschaften des Menschen entwickeln und so *das Reich Gottes, das in uns ist, auch im Leben zum Ausdruck bringen.*

Das sollte Ihr Ziel sein. Machen Sie sich auf den Weg. Sie haben alles zu gewinnen und nichts zu verlieren!

ZWEITER TEIL: DIE ANTWORT

Aspekte und Offenbarungen
der Kraft des Geistes

5
Die einzige Wirklichkeit: sie ist geistiger Natur

Viele Menschen beschäftigt die Frage, wie sie den Zugang zu Gott, dem unendlichen Geist, finden können. Bevor wir diese Frage beantworten, müssen wir zunächst klarstellen, was unter Bewußtsein zu verstehen ist.

Unter Bewußtsein verstehen wir das *Gegenwärtighaben von Erlebnissen beziehungsweise die Fähigkeit zu solcher Vergegenwärtigung*. Im Bewußtsein schlägt sich unsere gesamte Erfahrung nieder; es enthält die Inhalte unserer Wahrnehmungs- und Phantasietätigkeit, unserer Strebungen, Gefühle und Stimmungen und natürlich unseres Urteilens, Denkens und Wollens. So ist das Bewußtsein eine Art Summe allen erworbenen »Wissens«. Wir erwerben es durch jede Art der Erfahrung, die wir machen, und diese wird natürlich nachhaltig von der Erziehung und von Umwelteinflüssen, insbesondere von Eltern, von Freunden, Lehrern und vielen anderen Bezugspersonen beeinflußt.

Anders ausgedrückt: Bewußtsein ist ein erlerntes »Wissen« dessen, was wir erfahren haben, und die aufgrund unserer Erfahrungen von uns bezogene Haltung. Erfahrungen machen wir aufgrund eigenen Erlebens, oder sie werden uns durch andere Menschen vermittelt. Solange uns nicht zumindest ein paar »Funken« innerer Erleuchtung zuteil werden, wird unser Bewußtsein in der Fülle seiner Funktionen darauf beschränkt sein, unser in der Materie verhaftetes Menschsein zum Ausdruck zu bringen.

Alles wirklich Kreative erfließt unserer inneren Erfahrung. Wenn wir uns nur auf das stützen, was wir wissen, auf das, was wir aufgrund unserer verstandesmäßig auswertbaren Erfahrung als »Wirklichkeit« erkennen, dann machen wir keinen Fortschritt in der Entfaltung unserer geistigen Kraft.

Die meisten Menschen halten das, was aufgrund ihrer Erfahrung in ihrem Bewußtsein verankert ist, für die einzige Wirklichkeit. Es würde aber keine großen Entdeckungen und Erfindungen, keine Pionierleistungen der Wissenschaft und keine Meisterwerke der Kunst je gegeben haben, wenn Menschen nicht Ideen jenseits der »bewußten Wirklichkeit« entwickelt hätten. Die Großen der Geistes- und Wissenschaftsgeschichte, der Kunst, ja sogar der Politik hätten ihre Leistungen nicht vollbringen können, wenn sie sich nur auf ihr von Erfahrung geprägtes Bewußtsein gestützt hätten.

Wir müssen bedenken, daß auch unsere Sinnesorgane, über die die meisten Erfahrungen in unser Bewußtsein gelangen, einem Lernprozeß unterworfen sind. Wir wissen, daß Blinde eine Art Ersatzsinn entwickeln oder zumindest ihre übrigen Sinne weit über das Übliche hinaus zu sensibilisieren verstehen. Sie sind gezwungen, ihren anderen Sinnen bis anhin ungewohnte Erfahrungen, »neues Lernen« zuzuführen. Es gibt Tausende dokumentierte Fälle der Geschichte, daß Menschen einzelne Sinnesorgane zu ungewöhnlicher Schärfe zu aktivieren vermocht haben, zuweilen den Tastsinn, zuweilen das Gehör, den Geruchssinn usw.

Der große englische Astronom und Physiker SIR ARTHUR

EDDINGTON hat einmal gesagt: »Diejenigen, die Erkenntis einzig durch die auf unsere Sinneserfahrungen gestützten Messungen der Wissenschaften gewinnen wollen, lassen eine der offensichtlichsten Tatsachen der Existenz außer Betracht, nämlich daß das Bewußtsein nicht völlig, ja nicht einmal primär eine Einrichtung ist, um Sinneseindrücke zu empfangen.«

Dessenungeachtet besteht für die meisten Menschen Bewußtsein ausschließlich aus dem, was sie sich aufgrund ihrer Erfahrung bewußtgemacht haben, und dieses Bewußtsein stellt für sie die einzige Wirklichkeit dar. Wie beschränkt, wie eingeengt, wie unschöpferisch ist das, was sie aus dem Bewußtsein zu ihrer Wirklichkeit gemacht haben!

ALBERT EINSTEIN hat gesagt, die Vorstellung, daß unser Wissen vom Universum nur ein Residuum von Eindrücken ist, getrübt durch die Unvollkommenheit unserer Sinne, lasse die Suche nach der Wirklichkeit hoffnungslos erscheinen. Wenn nichts existiere außer in seiner Wahrnehmbarkeit, dann müsse die Welt sich in eine Anarchie eines von individuellen Wahrnehmungen etablierten Willkürzustandes auflösen.

Kreativität ist Ausfluß der Kraft des Geistes und nicht dessen, was in Ihrem Bewußtsein vorhanden ist. Wenn Ihre Wirklichkeit nur in dem existiert, was Sie sehen, schmecken, fühlen, riechen und hören können, dann sind Sie an Ihrer Kreativität und somit an der vollen Entfaltung Ihrer Kapazität gehindert. Wer möchte sich solche Schranken setzen!

»Bittet, so wird euch gegeben; suchet, so werdet ihr finden; klopfet an, so wird euch aufgetan« (Matthäus 7, 7). Es ist unrealistisch und in jeder Hinsicht nachteilig, seine Wirklichkeit auf die Inhalte seines Bewußtseins zu beschränken. Aber wie real wird die zitierte Verheißung, wenn wir uns klarmachen, welche grandiosen Möglichkeiten unserer inneren Erfahrung, der immensen Kraft des Geistes, erfließen! Die geistige Kraft des Menschen ist nicht auf sein erworbenes »Wissen« beschränkt. Wenn alle Menschen sich der Plattform der Erfahrung unterworfen hätten, wären neue Ideen und deren Verwirklichung nie möglich gewesen. Echt Kreatives hätte nicht zustande kommen können.

Angenommen, der erste Mensch, der das Feuer entdeckt hat, hätte sich dabei die Hände verbrannt und diese durch den Tastsinn vermittelte Erfahrung hätte sein Bewußtsein entscheidend geprägt, dann wäre dieses Feuer in der Morgendämmerung unserer Geschichte erloschen und eine kreative Verwendung des Feuers nie möglich gewesen. Glücklicherweise geben sich aber die meisten Menschen nicht mit einer einzigen Erfahrung, mit einer »Lektion« zufrieden. Natürlich profitieren wir von jeder Erfahrung, natürlich lernen wir durch Erfahrung, natürlich werden Probleme durch Erfahrungen geschaffen und gelöst. Aber all die von uns gesammelten Erfahrungen, die uns auf irgendeine Weise immer durch das sensorische System vermittelt werden, bestimmen nicht allein unsere Wirklichkeit.

Judge Toward sagt in seinen *Edinburgh Lectures on Mental Science*: »Der Glaube an Begrenzungen ist die einzige Ursache für die Begrenzung, weil wir so die Grundlagen der Kreativität einschränken. In dem Maße, wie wir diesen Fehlglauben überwinden, weiten sich unsere Grenzen aus, und wir gewinnen mehr Lebenskraft und eine Überfülle an Segnungen.«

Wir müssen uns auf das von Psychologen und Theologen unserer Zeit gleichermaßen anerkannte Grundprinzip einstellen, daß die eine und einzige Realität, die unser Bewußtsein zu akzeptieren bereit ist, das ist, was wir für unsere

Wirklichkeit halten – also das Produkt unserer Vorstellung. *Was wir uns vorzustellen und zu glauben vermögen, das ist unsere Wirklichkeit.*

Wir müssen daher unserem Bewußtsein den Glauben an die Kraft des Geistes, an das Gute und die Einheit des göttlichen und des uns innewohnenden Geistes einverleiben. Es gilt, zu einer positiven Haltung gegenüber der Realität zu finden, die wir aufgrund innerer Erfahrung in unser Bewußtsein aufnehmen. Und die Bewußtheit der Existenz dessen, was außerhalb der Reichweite unserer Sinneswahrnehmungen liegt, muß ebenso stark sein wie unser durch sinnliche Erfahrung und intellektuelle Tätigkeit geprägtes Bewußtsein.

Wir müssen erkennen, daß die Begrenzungen für unsere Leistungsfähigkeit, für unsere Entwicklung, für unsere geistige Entfaltung, also für all das, was wir aus der Fülle göttlicher Gnade empfangen haben, uns von uns selbst auferlegt werden. Wenn wir uns nur nach dem richten und uns nur das bewußtmachen, was wir sehen, hören, schmecken oder fühlen, was wir denken und wollen, dann ist unsere Wirklichkeit zwangsläufig auf diese Erfahrungen beschränkt. Wenn die Anforderungen, die wir an uns selbst und an unser Leben stellen, kümmerlich sind, können wir auch nur kümmerlicher Ergebnisse gewärtig sein.

Wer sich auf diese Art seiner Kraft des Geistes beraubt, wird nicht schöpferisch sein können, wird stagnieren und unfruchtbar bleiben. Seine Existenz ist auf einen sehr beschränkten Ausschnitt der universalen Wirklichkeit reduziert, und seine Wachstums- und Entwicklungsmöglichkeiten werden sehr begrenzt bleiben.

Die meisten großen Wissenschaftler, Künstler und natürlich alle erleuchteten religiösen Lehrer haben erkannt, daß

die unserem Bewußtsein gegenwärtige Wirklichkeit sich von
der wahren Wirklichkeit stark unterscheidet. Leider setzen
die meisten von uns ihr eigenes Bewußtsein, ihr Verständnis
des Lebens und der Welt, mit der Wirklichkeit gleich. Tatsächlich ist unsere Wirklichkeit aber, wie gesagt, ja nur das,
woran wir glauben; darauf beschränkt sich der Inhalt unseres Bewußtseins: auf das, was wir als existent erachten.
Wenn wir glauben, daß die materielle, sinnlich wahrnehm-
bare Welt alles ist, was existiert, dann ist das für uns die
ganze Wirklichkeit. Aber: »Gottes unsichtbares Wesen wird
an seinen Werken mit der Vernunft wahrgenommen.«

Hat denn jemand je das Vorhandensein elektromagneti-
scher Kraft gesehen? Hat jemand je etwas von der Erdanzie-
hung, von den Ursachen der Schwerkraft, von Röntgenstrahlen, Gammastrahlen, von kosmischer Energie gesehen?
Ganz bestimmt nicht. Aber wir wissen, daß es sie gibt. Menschen mit »unbegrenztem Bewußtsein« haben Geräte erfun-
den, die am Vorhandensein dieser unsichtbaren Phänomene
keinen Zweifel lassen.

Selbst von den physischen Funktionen unseres Körpers
würden wir nur wenig wissen, wenn wir auf unsere Wahr-
nehmungsfähigkeit allein angewiesen wären. Wir brauchen
weiß Gott spezielle Geräte und Methoden, um etwas über
unsere Zellen, unsere Organe usw. zu erfahren. Kein Mensch
hat je ein Virus gesehen; aber mit Hilfe von Spezialgeräten
kann man Viren sichtbar machen. Wir sehen nur die Manife-
stationen eines Virus. Der amerikanische Lyriker WALT
WHITMAN hat einmal sehr anschaulich formuliert: »Du bist
nicht ganz zwischen deinem Hut und deinen Stiefeln einge-
schlossen.«

Wir alle sind darauf angewiesen, unser Inneres auszufor-
schen und das Reich Gottes zu entdecken, den Geist, der in

uns lebendig ist. Wir müssen uns eine Geisteshaltung zu
eigen machen, die unseren Wirklichkeitsbegriff aus der Enge
des Bewußtseins heraushebt. *Wir müssen unsere Vorstellun-*
gen von der Wirklichkeit um den entscheidend wichtigen Frei-
raum erweitern, der uns nur vermöge innerer Erfahrung – kraft
Geistes – gegenwärtig wird.

Wir wissen, wie das menschliche Gehirn arbeitet: daß es
Informationen jeder Art einspeichert, von denen uns die
meisten bewußt bleiben, manche aber auch ins Unbewußte
verdrängt werden. Der Inhalt dessen, was wir unmittelbar
gegenwärtig haben, ist keineswegs der Gesamtinhalt unseres
Bewußtseins. Der kreative Mensch schöpft seine Ideen weitgehend aus dem Unbewußten und zeichnet sich dadurch
aus, daß er fähig ist, sich auch innere Erfahrungen bewußtzumachen.

Im *Metaphysical Bible Dictionary* findet sich eine sehr
überzeugende Interpretation zu MATTHÄUS 13, 33: »...Mit
dem Himmelreich ist es wie mit einem Sauerteig, den eine
Frau nahm und unter einen halben Zentner Mehl mengte,
bis er ganz durchsäuert war.« Es interpretiert diesen Vers so:
»Der Sauerteig ist die Wahrheit, die Frau ist die Seele. Wenn
ein Wort der Wahrheit scheinbar im Inneren des Geistes verborgen ist, dann liegt es dort nicht brach, sondern es breitet
und dehnt sich in aller Stille aus, bis das ganze Bewußtsein
vom Geist erhellt ist. Menschen, in denen durch Jahre dieses
verborgene Wort der Wahrheit wirksam gewesen ist, sind
plötzlich fähig, das göttliche Gesetz in seinem Zusammenhang zu begreifen. Sie sind reif für die Erkenntnis der Wahrheit.«

Wenn durch Gebet und Meditation dieser »Sauerteig« –
die Saat – in uns aufgeht, dann werden wir zur Erkenntnis
der einzigen Wirklichkeit kommen. Das Bewußtsein wird

dann nicht länger ein begrenzender Faktor sein. Wir werden
frei sein von den Fesseln begrenzter Erfahrung, und wir können die schöpferischen, fröhlichen, geistig wachsenden Menschen werden, die wir sein sollten.

6
Auf unserem Weg sind wir
Lehrer und Schüler zugleich

Unser großer »Lehrmeister« für das Leben ist in uns selbst!
Ich spreche von der Weisheit und der Kraft des Geistes, der
in uns wirkt. Es fällt uns zwar schwer anzuerkennen, daß er
es ist, der uns den Weg zur Wahrheit weist, zumal er nicht als
Lehrer »von außen« zu uns spricht und nicht ein Mensch
schulischer Gelehrsamkeit ist, sondern »bloß« eine Stimme
in unserem Inneren, eine Kraft, die in uns wirkt.

Wenn wir der Stimme dieses größten aller Lehrmeister folgen, dann *finden wir den Zugang zu Gott und stellen die Einheit mit dem unendlichen Geist her, der Quelle alles Guten, das
uns im Leben zuteil werden kann.* Das Geheimnis echten Er-
folges, echten Glücks und echter Entfaltung unserer Fähigkeiten und Kräfte liegt in der Vergegenwärtigung dieser Tatsache.

Wer nicht gewillt ist – jeder Mensch ist dazu fähig –, im
Sichtbaren das Unsichtbare zu erkennen, sucht die Wahrheit
in der äußeren Welt und kann von seiner vergeblichen Suche
nach dem Sinn des Lebens nur enttäuscht sein.

Es ist eine Binsenwahrheit, daß man eine kostbare Perle
nicht dort finden kann, wo es keine Perlmuscheln gibt. Man

kann etwas nicht finden, wo nichts vorhanden ist. Ein Vakuum bleibt ein Vakuum, ganz gleich, von wo man sich ihm nähert!

Zu unserem Glück gibt es aber Menschen, die nicht nur zu der immensen Kraft des Geistes in sich selbst gefunden, sondern uns auch noch ihre Erkenntnisse weitergegeben haben, damit unsere Suche nicht vergeblich bleibe. PETRUS hat uns eine sehr einleuchtende Erklärung gegeben. In seinem *Zweiten Brief* (1, 3) heißt es: »Alles, was zum Leben und zur Frömmigkeit dient, hat uns seine göttliche Kraft geschenkt durch die Erkenntnis dessen, der uns berufen hat durch seine Macht und Herrlichkeit.«

Ein Großer des Geistes, insbesondere aber ein religiöser Lehrer, überzeugt uns nicht so sehr durch Worte als durch Taten. Jeder große Lehrer verkündet seine Botschaft durch seine Worte, aber vor allem auch durch das Beispiel, das er uns gibt.

Bei der Planung dieser Abhandlung, die hier nun auch auf die Prinzipien des Lehrens eingeht, habe ich lange überlegt, ob ich nicht die Ideen des SOKRATES, des ARISTOTELES, eines JOHN DEWEY oder einer MARIA MONTESSORI über Erziehung zur Diskussion stellen sollte. Ich habe diesen Gedanken schließlich aber fallenlassen, weil meiner Ansicht und Erfahrung nach die Lehrmethode nicht das Wichtigste ist. *Entscheidend ist allein der Geist, in dem eine Botschaft gegeben und empfangen wird.*

Diese Tatsache wird in der Praxis konventioneller Erziehung und besonders der religiösen Unterweisung zu wenig beachtet. Schon einmal sollte der Unterschied zwischen Lehrer und Schüler weniger betont werden. Der Rangunterschied und der einseitige Anspruch auf Autorität haben in der Praxis zur Folge, daß die Beziehung zwischen Lehrer und Schüler von einem trennenden, ja sogar destruktiven Umstand belastet ist. Das schafft eine Kluft zwischen den Menschen und erschwert den Austausch von Ideen. *Echtes Lernen ist Teilhabe — und Lehren ebenfalls.* Wenn wir das Lehren zu einem Lernprozeß für beide Teile machen wollen, für den, der lehrt, und für den, der gelehrt wird, müssen wir verstehen, es zu einer gemeinsamen Erfahrung zu machen, in der der Gehalt einer Botschaft Eingang findet und von den Beteiligten verarbeitet wird.

JESUS achtete sehr sorgfältig darauf, immer so zu handeln und so zu lehren, daß seine »Schüler« ihn verstanden. Er setzte sich nie über ihr Milieu hinweg; er verstand ihre Sprache, kannte ihre Geschichte, Kultur, Religion, ihre Sitten und Gebräuche. Wenn er zu den Menschen redete, war er stets darauf bedacht, sich in der Sprache dieser Menschen auszudrücken und sich ihres Wortschatzes zu bedienen. Er versuchte nie, die Weisheit seiner Lehre durch eine gelehrte Ausdrucksweise zu unterstreichen, die ihm zwar die Bewunderung seiner Zuhörer für sein großes Wissen eingebracht hätte, die sie aber gewiß nicht verstanden hätten.

Ein guter Lehrer weiß, daß er nur dann Erfolg haben kann, wenn er das Begriffsvermögen seiner Schüler nicht überfordert. Jesus verkündete seine Lehren in einfachen, bildhaften Worten und in Gleichnissen, die der Lebenserfahrung seiner Zuhörer entsprachen. Deshalb prägten sie sich so leicht dem Bewußtsein der Menschen ein. Bildung und Erkenntnis können niemals allein durch Informationsvermittlung weitergegeben werden. Lernen, eine Tätigkeit des Verstandes, setzt voraus, daß der Inhalt jeder Information verständlich gemacht wird. Schüler verstehen ihren Lehrer nicht, wenn dieser von seinem Wissen ausgeht und ein Vokabular benutzt, das ihrem Verständnis entzogen ist. Auch muß

sich der Lehrer immer um Einfühlsamkeit in die Be-
wußtseinslage und die Bedürfnisse seiner Schüler bemühen.

Das wichtigste Prinzip, das ein guter Lehrer beachten
muß, erfließt der *Erkenntnis, daß der Lehrende zugleich immer auch ein Lernender ist.* Er muß sich, wie gesagt, bewußt
sein, daß Lehren und Lernen als eine Gemeinschaftsaufgabe
von Lehrer und Schüler begriffen werden müssen, die natürlich gegenseitiges Verständnis voraussetzt. Wenn sich ein
Lehrer auf Autorität beruft, kann er seinen Schülern keine
echte Lernerfahrung vermitteln.

Ich will damit nicht sagen, daß Disziplin nicht gefordert
und nicht durchgesetzt werden soll. Sie ist ein wichtiger
Aspekt jeder Lehrtätigkeit. Disziplin erreicht man aber viel
eher durch überzeugende Argumente als durch Berufung auf
Autorität. Der Lehrer kann auf falsches Verhalten hinweisen
und es korrigieren. Er muß sich sehr davor hüten, einen
Schüler zu verurteilen. Verurteilung zerstört das Selbstvertrauen des Verurteilten, das eine wichtige Voraussetzung für
erfolgreiches Lernen ist; auch läßt sich das mit positivem
Denken nicht vereinbaren: Verurteilen erweckt aber auch in
dem, der verurteilt, ein Gefühl der Schuld und der Abneigung. Wenn er den Vorwurf nicht zurücknimmt, wird er dieses Schuldgefühl und diese Animosität nicht überwinden,
was sehr destruktiv sein kann.

Jesus hat niemals verurteilt oder gerichtet, auch nicht diejenigen, die seine Lehre zurückwiesen oder ihn wegen seiner
Lehre sogar verfolgten. Er brauchte nicht zu vergeben, weil
er niemals verdammte. Zu der Ehebrecherin, die die Schrift-
gelehrten und Pharisäer zu ihm gebracht hatten, sprach Jesus
nicht von Vergebung, sondern er sagte: »Geh hin und sün-
dige nicht mehr.« Er nannte sie nicht eine Sünderin, er hielt
ihr nicht vor, sie sei eine Ehebrecherin. Er befreite sie von

ihrem Schuldgefühl, das ihr Leben für immer hätte zerstören können, und befreit von ihrer Last konnte sie ein neues, besseres Leben beginnen.

Aus meinem Studium des frühen römischen Katholizismus und der Geschichte des Kirchenrechts und der Dogmatik habe ich den Eindruck gewonnen, daß der Hauptgrund für die Institution der Beichte darin lag, den Menschen von der Vorstellung zu befreien, er stehe als Sünder außerhalb der Gnade Gottes und des Einvernehmens mit Gott. Der Sinn der Beichte läuft darauf hinaus, daß sich der Mensch für das Böse, das er getan hat, nicht verdammt sieht und sein Leben neu beginnen kann.

Die moderne Psychologie hat, wie schon in Kapitel 2 erörtert wurde, herausgestellt, *daß der Mensch sich der Vorstellung, die er von sich selbst hat, anpaßt*. Wenn er sich als Sünder sieht, wird er sich diesem Bild entsprechend verhalten; sieht er sich jedoch frei von Sünde und Schuld, dann wird das Selbstbild, das er von sich hat, entsprechend und seine Einstellung frei von negativen Tendenzen sein.

Aufgrund dieser Einsicht werden wir unseren Kindern besser helfen können, Lernprobleme zu bewältigen. Wir werden auch ehemaligen Häftlingen, die ihre Schuld abgebüßt haben, mit mehr Verständnis begegnen können. Wenn ein Kind, dem seine Erzieher suggeriert haben, dumm zu sein, sich selbst für minderbegabt hält, wird es sich diesem Bild entsprechend verhalten, und es wird ihm fast unmöglich sein, dieses Handikap zu überwinden. Wenn ein Häftling aus dem Gefängnis entlassen wird, die Gesellschaft ihn aber immer wieder daran erinnert, daß er ein Verbrechen begangen hat, wird die Vorstellung, die er von sich hat, die eines aus der Gesellschaft Ausgestoßenen sein, und er wird sich dieser Vorstellung gemäß verhalten.

In solchen und ähnlichen Fällen geht es nicht darum, zu »vergeben«, sondern zu vergessen. Sehr oft aber habe ich Menschen sagen hören: »Ich verzeihe, aber ich vergesse nicht!« *Wir müssen lernen, nicht nur zu vergeben, sondern auch zu vergessen!*

All das sollten wir bedenken, wenn von Lehren und Lernen die Rede ist. Ich möchte mit den vorstehenden Überlegungen vor allem aufzeigen, daß Lehren Verständnis, Teilnahme am Leben des anderen und Liebe voraussetzt – wie uns das vorbildlich JESUS vorgelebt hat. Er lehrte, indem er, wohin immer er kam, zu den Menschen sprach. Er gab ihnen Beispiele und erklärte ihnen, was er mit der von ihm verherrlichten Liebe meinte. Er schrieb nie ein Buch. Er hielt nur einmal ein größere Predigt, die *Bergpredigt,* und das war keine vorbereitete Rede. Er wurde der große Verkünder der christlichen Lehre, weil er seine Jünger an seinen Erfahrungen, seinem Wissen, seiner Intuition, seiner Inspiration, seiner Weisheit und vor allem an seiner Liebe teilhaben ließ.

PAULUS sagt in seinem *Ersten Brief an die Korinther* (14, 8): »Und wenn die Posaune einen undeutlichen Ton gibt, wer wird sich zum Kampf rüsten?« Gerade Lehrer haben, glaube ich, die Aufgabe, »einen deutlichen Ton« zu geben, nämlich das Ziel aufzuzeigen und auf dem Weg dahin durch Wort und Tat motivierend zu wirken. JESUS hat nie etwas verlangt, das er nicht selbst zu geben bereit war, mit Verständnis und in Liebe zu geben bereit war.

Jeder Lehrer muß an das, was er lehrt, glauben, damit er seinen Schülern »einen deutlichen Ton« geben kann. Das trifft besonders für den Bereich der Religion zu, in dem wir alle sowohl Lehrer als auch Schüler sind. Wir müssen an das, was wir tun, glauben und dürfen uns nicht fürchten, ein Beispiel zu geben und unsere Meinung deutlich zu vertreten.

Wir sollen alle Welt wissen und sehen lassen, was wir glauben. Auch unser Glaube muß »vor den Menschen leuchten«. Die Posaunen müssen laut und deutlich zu hören sein. Wenn Sie Erfahrung im Geschäftsleben und vor allem auf dem Gebiet des Verkaufs haben, dann wissen Sie, wie erfolglos ein Verkäufer ist, der nicht von der Güte seiner Ware überzeugt ist oder der kein Selbstvertrauen hat. Wenn er kein Vertrauen in die Qualität des Produkts oder in seine eigene Überzeugungskraft hat, spüren seine Kunden diesen Mangel sehr rasch und werden unfehlbar mißtrauisch und kaufunlustig. Das gleiche gilt für den Lehrer.

Es gibt ein altes hinduistisches Sprichwort, das ich sehr bewundere: »Wenn der Schüler bereit ist, erscheint der Lehrer.« Ich verstehe diesen Spruch so: Wenn die Motivation stark genug ist, wenn der Wunsch zum Lernen groß genug ist, dann stehen auch die Mittel zur Verfügung. Wenn die Sehnsucht nach geistiger Erleuchtung vorhanden ist, ist der Schüler bereit! Der Lehrer erscheint zuverlässig. Der uns innewohnende lebendige Geist ist immer zu unserer Verfügung – er wartet nur auf unsere Bereitschaft, ihn anzunehmen!

Auch in diesem neuen Zusammenhang kann man erkennen, daß Lehren und Lernen Gemeinschaftsarbeit erfordert: beide, der Schüler und der Lehrer, müssen motiviert sein. Der Schüler muß das Verlangen nach der Erkenntnis haben, und der Lehrer muß bereit sein, auf dieses Verlangen einzugehen. Doch wunderbarerweise haben wir das Glück, daß unser Lehrer, der lebendige Geist, der in uns wirkt, immer verfügbar ist, »wenn der Schüler bereit ist«! Und noch wunderbarer ist das, was er uns lehrt: *Liebe und Kreativität, die allein dem Menschen ermöglichen, in seinem Leben Sinn und Erfüllung zu finden und die Einzigartigkeit seines Wesens zur Entfaltung zu bringen.*

7

Widerstandslosigkeit: der Triumph des Geistes

Ich bezweifle, daß irgend etwas in der Theologie so oft mißverstanden, so oft mißdeutet und verfälscht worden ist wie die Ermahnung JESU in seiner *Bergpredigt,* daß der Mensch sich »dem Bösen nicht widersetzen« soll. Sie ist eine der wichtigsten Botschaften, die Jesus uns gebracht hat, und sie war eine eindeutige Absage an die orthodoxe hebräische Lehre.

Wir finden diesen Ausspruch Jesu im *Matthäusevangelium* (5, 38–48): »Ihr habt gehört, daß gesagt worden ist [2. Mose 21, 24]: ›Auge um Auge, Zahn um Zahn.‹ Ich aber sage euch, daß ihr euch dem Bösen nicht widersetzen sollt, sondern: wenn dich jemand auf deine rechte Backe schlägt, dann halte die andere auch hin. Und wenn jemand gegen dich klagen und dir deinen Rock nehmen will, dann laß auch den Mantel. Und wenn dich jemand nötigt, eine Meile mitzugehen, so geh mit ihm zwei. Gib dem, der dich bittet, und wende dich nicht von dem, der etwas von dir borgen will.

Ihr habt gehört, daß gesagt worden ist: ›Du sollst deinen Nächsten lieben und deinen Feind hassen.‹ Ich aber sage euch: Liebt eure Feinde und bittet für die, die euch verfol-

gen, damit ihr Kinder eures Vaters im Himmel seid. Denn er
läßt seine Sonne aufgehen über Böse und Gute und läßt es
regnen über Gerechte und Ungerechte. Denn wenn ihr die
liebt, die euch lieben, was werdet ihr für Lohn haben? Tun
das nicht auch die Zöllner? Und wenn ihr nur zu euren Brü-
dern freundlich seid, was tut ihr da Besonderes? Tun das
nicht auch die Heiden? Darum sollt ihr vollkommen sein, so
wie euer Vater im Himmel vollkommen ist.«

Wunderbarer könnte die Wahrheit nicht ins richtige Licht
gesetzt werden! Es ist gleich, ob man sie als Wahrheit im
christlich-theologischen Sinn versteht, als Wahrheit im psychologischen Sinn oder auch als Wahrheit im praktischen
Sinn.

Die verschiedensten psychologischen Schulrichtungen
stimmen ausnahmslos darin überein, daß ein Anliegen oder
ein Postulat, auf das wir unser Denken und Glauben, unser
Vorstellen und Fühlen einstellen, dominierend wird; wir
wenden ihm unser Wissen und unsere schöpferische Energie
zu, und unser ganzes Bewußtsein ist von ihm beherrscht.
Wenn wir uns nun einer Sache widersetzen, verleihen wir ihr
Nachdruck, und unsere Energie gibt ihr Substanz. Wir geben
ihr Kraft, so daß sie uns bewegt – nicht wir sie. Wirklichkeit
hat aber nur das, was wir anerkennen. Wenn wir uns einer
Sache widersetzen, geben wir ihr Wirklichkeit, was auch
heißt Macht.

Sehr viele Menschen mißverstehen das Prinzip der Widerstandslosigkeit und lehnen deshalb die Forderung JESU ab,
daß wir uns »dem Bösen nicht widersetzen« sollen. Viele
glauben, dieser Grundsatz sei nur gut für Feiglinge oder ein
Prinzip derjenigen, die nicht fähig sind, sich selbst zu vertei-
digen, die sich schwach fühlen und denen die Kraft des
Glaubens an ihre Ideale fehlt.

Wie weit entfernt von der Wahrheit ist doch die Vorstellung, Widerstandslosigkeit sei die Wahl feiger Schwächlinge! Der Mensch, der Widerstandslosigkeit praktiziert, ist viel stärker als der, der Widerstand leistet. Sich nicht zu widersetzen erfordert großen Mut sowohl in körperlicher als auch in geistiger Hinsicht. Vor allem aber erfordert Widerstandslosigkeit die Mobilisierung der ganzen geistig-seelischen Kraft, und sie erfordert wahre Liebe. *Widerstandslosigkeit ist der Triumph des Verstandes über den Körper und der Triumph des Geistes über den Verstand.*

Ein Mensch, dessen Verstand den Körper nur schlecht kontrolliert, schlägt wahllos auf alles ein, was ihm als böse erscheint. Er meint, mit physischer Gewalt im Bösen das Böse zu erschlagen; doch er wird weder des Bösen Herr, noch schafft er es aus der Welt. Ein Mensch, dem das Bewußtsein des ihm innewohnenden lebendigen Geistes abgeht und sich daher nur von seinem Verstand leiten läßt, scheut weder Mittel noch Wege, um mit dem Bösen das Böse zu überlisten oder zu entmachten; er will selbst Macht gewinnen – wäre dann aber das Gute an der Macht?

Der Mensch hingegen, der vom lebendigen Geist erleuchtet ist – »Geist von seinem Geiste« – und der deshalb die Botschaft JESU richtig versteht, setzt nicht auf Kampf oder List; er setzt auf Verständnis und Liebe. Das natürlich vermögen wir nur kraft Geistes – des uns innewohnenden lebendigen Geistes, der am vollkommenen unendlichen Geist teilhat. Diesen Geist Gottes hat Jesus verherrlicht mit seinem Aufruf: »Liebt eure Feinde und bittet für die, die euch verfolgen.«

Natürlich dürfen wir Widerstandslosigkeit nicht mit dem sogenannten »Weg des geringsten Widerstandes« verwechseln. Dieser hat mit jener nichts zu tun. Auch der Weg des geringsten Widerstandes ist immer noch Widerstand: er widerspricht dem christlichen Ideal, uns dem Bösen nicht zu widersetzen. Der Weg des geringsten Widerstandes ist zumeist ganz einfach eine Flucht vor der persönlichen Verantwortung.

Hingegen auferlegt uns das Prinzip der Widerstandslosigkeit, daß wir ein Problem, einen Konflikt, eine schwierige Situation direkt und ohne Umschweife angehen, aber im Geist der Liebe und jedenfalls nur mit friedlichen Mitteln. Wir sollten uns von der tiefen Überzeugung leiten lassen, daß wir aufgrund innerer Führung durch den lebendigen Geist alle Schwierigkeiten zu überwinden vermögen, und wir sollten auch einsehen, daß in jedem Unglück, das uns trifft, auch Gutes ist.

Widerstandslosigkeit bedeutet nicht, daß wir die uns auferlegte Verantwortung ablehnen; sie bedeutet, ganz im Gegenteil, daß wir unsere Verantwortung annehmen, daß aber unsere Haltung gegenüber unseren Verantwortlichkeiten und gegenüber allen Herausforderungen von Verständnis und wohlwollender Liebe bestimmt ist.

Gegen dieses Prinzip des Wohlwollens und der Liebe verstoßen wir immer wieder in unserem Alltag, indem wir über uns und über andere richten und uns von Ressentiments, Animosität, Eifersucht, Neid, Mißgunst und Haß leiten lassen. Nur wenige Menschen verirren sich im Alltag in körperliche Gewalt; sie ist ja auch der exzessivste und zugleich primitivste Ausdruck des uns möglichen Widerstandes. *Doch verstößt Widerstand in jeder Form gegen das Gesetz des Geistes, in jedem Menschen das Göttliche zu sehen.*

Zugegeben: Nur die Großen des Geistes, nur wahrhaft erleuchtete Menschen sind fähig gewesen, Widerstandslosigkeit zur Maxime ihres Lebens zu machen und dieser Lebensregel treu zu bleiben. Die meisten von uns lassen sich von den Worten und Taten schon der geringsten unserer »Feinde« zutiefst erschüttern. Sie vermögen uns hauptsächlich deshalb so sehr zu beeindrucken, weil sie unser Selbstbewußtsein beeinträchtigen. Daher ereifern wir uns, daher widersetzen wir uns immer dann, wenn wir den Eindruck haben, daß unsere Persönlichkeit angegriffen wird. *Unsere Persönlichkeit ist aber nur das Gewand dessen, was wir geistig sind!*

Wenn wir nach Beispielen überzeugend praktizierter Widerstandslosigkeit suchen, fällt den meisten von uns wohl MAHATMA GANDHI ein. Mit Recht, denn er hat wahrscheinlich das Prinzip der Widerstandslosigkeit konsequenter vertreten als irgendein anderer Mensch, der die Geschichte der letzten zwei Jahrhunderte bewegt hat. Der indische Staatsmann und Politiker, der sich ausdrücklich zu den *Ideen des Ahimsa, des »Nichtverletzens«, und der Bergpredigt* bekannte, hat zweifellos mit seiner unerschütterlichen Haltung die Welt verändert.

Er schlug nicht zurück, wenn seine Persönlichkeit angegriffen wurde; er haßte seine Feinde nicht; er leistete keinen Widerstand, wenn er mißhandelt oder gefangengesetzt wurde. Er bewahrte eine ruhige, gelassene Sicherheit im Vertrauen darauf, daß sich die Gerechtigkeit dessen, woran er glaubte, durchsetzen werde. Er war stark in seinem Glauben und in seiner Überzeugung. Und er demonstrierte seinen großen Glauben an die Liebe in jeder Situation, mit der er konfrontiert wurde.

Zweifellos hat er gerade durch sein ausdauerndes Beharren auf der Widerstandslosigkeit seinen großen Sieg, die Befreiung Indiens durch politische Einsicht, errungen. Er erwarb sich die Bewunderung sogar seiner Feinde.

Auch ABRAHAM LINCOLN war ein überzeugter Anhänger
der Gewaltlosigkeit. Man braucht nur einige seiner Reden zu
lesen, um das zu erkennen. Er hat in ihnen seiner festen
Überzeugung Ausdruck gegeben, daß das Recht triumphieren werde; er hat von der Notwendigkeit gesprochen, Milde
walten zu lassen und denen Verständnis entgegenzubringen,
die sich seinen Zielen entgegenstellten; er hat seine Lands-
leute beschworen, den Wiederaufbau nicht durch Rivalität,
Eifersucht, Feindseligkeit und Rachsucht zu gefährden.

Es ist wichtig, daß man die ganze *Bergpredigt* aufmerksam
liest, um den Aufruf JESU, uns »dem Bösen nicht zu widersetzen«, richtig zu verstehen. In allem, was er sagt, kommt
immer wieder zum Ausdruck, daß Widerstandslosigkeit ein
fundamentales Prinzip ist, nicht etwa nur eine Gebrauchsan-
weisung für Ausnahmesituationen, und daß unser Geist bereit sein muß zur Verständigung, nicht nur zum Kompromiß.

Jesus fordert uns auf, nicht die Unterschiede zwischen den
Menschen zu sehen, sondern das, was sie miteinander verbindet: das Göttliche in jedem Menschen. Das ist eine elementare
Voraussetzung, um der Liebe fähig zu werden. Er lehrt uns, daß
Gott alles erschaffen hat und daß deshalb in allem auch Gutes
zu finden ist. Daher müssen wir in allem das Gute suchen und
uns immer wieder das Gute vergegenwärtigen.

Eine andere elementare Wahrheit wird uns bewußt, wenn
wir uns den Sinn der Mahnung »Liebt eure Feinde« genauer
überlegen. Das ist die *Tatsache: daß wir keine Feinde haben,
wenn wir uns nicht selbst als Feinde betrachten.* Wir schaffen
uns Feinde aufgrund der Einstellung, die wir zu anderen
Menschen haben. Wenn wir auf unsere vermeintlichen Gegner mit Verständnis und Liebe blicken, sind sie nicht Feinde.
Nur wir selbst können Feinde für uns schaffen, indem wir
an das glauben (dem Substanz geben, dem uns widersetzen),

was wir als Bedrohung für unsere Persönlichkeit betrachten.

Wenn wir bereit sind, im Geist des Menschen das Göttliche zu sehen, dann gelingt es uns leicht, irgendein Gutes in anderen zu entdecken, irgend etwas, das wir lieben. Und es ist sehr schwer, einen Menschen als Feind zu betrachten, in dem man etwas Liebenswertes gefunden hat!

Sie sollten sich angewöhnen, sich nicht gegen kritische Meinungen aufzulehnen, die andere von Ihnen haben. Deren Meinungen sind für Sie ohne Belang. Wenn Sie sich deswegen ereifern und ärgern, dann lassen Sie sich von Ihrer Persönlichkeit, Ihrem dem Materiellen verhafteten Ich, beherrschen. Lassen Sie statt dessen Ihr »Licht leuchten vor den Menschen«!

Wenn Sie ohne Widerstand und in Gelassenheit auf Kritik oder ein Unrecht, das man Ihnen zufügt, zu reagieren vermögen, dann sind Sie wirklich auf dem Weg zu innerem Frieden, zur Harmonie und zur geistigen Erleuchtung. Erinnern Sie sich immer wieder, daß Sie anderen nur durch Ihre Betroffenheit und Ihren Widerstand die Möglichkeit geben, Ihnen wirklich Unrecht oder Schaden zuzufügen!

Die Psychologie hat nachgewiesen, daß die meisten Menschen ihren inneren Frieden und ihre Selbstachtung und oft sogar ihre Gesundheit verlieren, wenn sie sich Kritik oder erlittenes Unrecht zu sehr zu Herzen nehmen. Sie »widersetzen sich dem Bösen«!

JESUS war ein hervorragender Psychologe. *In seinen Lehren steht nichts im Widerspruch zu den Erkenntnissen der Psychologie von heute.* Die namhaftesten Psychologen haben immer wieder auf die verhängnisvollen Folgen hingewiesen, die dem Menschen durch Kritik erwachsen, ob es sich nun um Kritik anderer oder um Selbstkritik handelt. Kritik greift, wie gesagt, die Persönlichkeit an.

Jesus aber hat uns viele Male ermahnt, einerseits unsere
Persönlichkeit nicht zu überschätzen und uns vielmehr unserer geistigen Entwicklung zu widmen, andererseits uns »dem
Bösen nicht zu widersetzen«: wir sollen Kritik und Unrecht,
die wir erfahren, ignorieren. Er, der große Lehrer, Psychologe und Heiler, hat uns oft und nachdrücklich empfohlen,
uns an den Geist, der in uns ist, und somit an das Gute zu
halten. Gerade sein Aufruf, sich »dem Bösen nicht zu widersetzen«, rief jedoch seitens des orthodoxen Judentums die
schärfste Kritik an seiner Lehre hervor. Die meisten Juden
wandten sich gegen diese Lebensregel, weil sie ihnen nicht
erfolgversprechend für ihr Anliegen erschien, ihr Volk von
der ihnen von Rom aufgezwungenen Herrschaft zu befreien
und sich der römischen Soldaten wie auch der römischen
Steuergesetze zu entledigen. Die Juden folgten Jesu Aufruf
nicht – wie wir das heute auch nicht tun –, und es gab damals und es gibt heute keinen Frieden in der Welt. Was MA-
HATMA GANDHI mit seiner friedlichen Politik der Gewaltlosigkeit erreicht hat! Und halten wir dagegen, was die Juden
mit ihrer Politik des Widerstandes nicht erreicht haben.

Ich weiß, daß vielen Menschen die Idee der Widerstandslosigkeit sehr esoterisch, sehr unrealistisch, kurzum: unprak-
tikabel erscheint. Ich möchte die Menschen, die so denken,
fragen, was denn durch den Widerstand gegen das Böse erreicht worden ist – was immer sie unter dem Begriff »Böses«
verstehen. Hat Widerstand jemals Frieden gebracht? Hat
Widerstand jemals das Böse ausgemerzt? Folgt nicht eher
ein Böses dem anderen? Hat Widerstand je einmal zur
Wahrheit geführt?

Ja, doch! Man könnte im Alltag und in der Geschichte
vereinzelte Beispiele dafür finden, daß Widerstand eine Situation gebessert hat; doch fast immer hat Widerstand nicht

die Lösung eines Problems bewirkt, sondern nur noch mehr
Wunden geschlagen und noch mehr Haß erzeugt. Nur durch
unser Beispiel und den unbeirrbaren Glauben an das Gute
in uns und in jedem anderen Menschen, nur kraft des Geistes können wir in unseren Feinden Menschen sehen – die
sie tatsächlich sind – und so Feindschaft und Haß überwinden.

Die Psychologen sagen, eine Gewohnheit sei nur zu brechen, wenn man seine Aufmerksamkeit auf etwas anderes
richtet. Wenn wir uns einer Sache widersetzen, dann konzentrieren wir unsere ganze Aufmerksamkeit und Energie auf
eben diese Sache; wir werden zu Sklaven dieser Sache, so
wie wir zu Sklaven einer Gewohnheit werden können. Wenn
wir also das Böse in unserer Welt überwinden wollen, erreichen wir das nicht dadurch, daß wir uns ihm aktiv widersetzen. *Wir müssen vielmehr unser Denken und Glauben auf das
Gute richten, das in uns ist und in allem, was ist und lebt.* Wir
müssen uns ganz auf das Gute konzentrieren – das ist prakti-
zierte Widerstandslosigkeit.

Uns dem Bösen nicht zu widersetzen schließt keineswegs
eine unrealistische Einstellung gegenüber dem Bösen in sich.
Es bedeutet nicht, daß wir Situationen, in denen das Böse zu
triumphieren scheint, verkennen oder daß wir nicht unser
Bestes zu tun versuchen, um die Welt zu verbessern. Es bedeutet, daß wir uns nicht widersetzen – nicht mehr, nicht weniger!

Haben Sie jemals beobachtet, wie ein Blatt einen Bach
hinuntertreibt und wie schön und ruhig es seinem Ziel,
einem Teich oder einem See, zutreibt? Es folgt unbeirrbar
seinem Weg, ohne sich von Felsen oder Ästen, die es zu be-
drohen scheinen, ablenken zu lassen, bis es sein Ziel, die
Ruhe des tiefen Wassers, erreicht hat.

Wie anders verhält sich dagegen der Mensch! Er läßt sich von seinem Ziel – die große Ruhe, die tiefe Stille geistiger Erleuchtung – ablenken von all dem Bösen, das er um sich herum sieht, und er verfehlt sein großes Ziel, weil er sich der Gegenwart des Bösen widersetzt, es angreift, und oft genug geht er am Bösen zugrunde, während er doch glaubte, durch seinen Widerstand das Böse austilgen zu können!

Die Lebensregel der Widerstandslosigkeit gestattet uns, wie schon gesagt, nicht, passiv zu sein. Wir vergegenwärtigen uns aktiv das Gute und schaffen so Gutes in unserer Umwelt. Widerstandslosigkeit ist gleich nützlich in der Politik, in der Justiz, in der Medizin, im Geschäftsleben, in jeder Arbeit, die es gibt. *Sie ist eine nützliche Lebensphilosophie – und mehr noch: Widerstandslosigkeit ist das Gesetz.* Sein immenser Wert und sein großer Nutzen kann aber nur dadurch sichtbar werden, daß man sich an das Gesetz hält.

8
Liebe: der Schlüssel
zur Erfüllung des Gesetzes

Liebe ist für das Christentum und das Christsein von grundlegender Bedeutung. Nichts anderes wird in den Quellen der christlichen Lehre nachdrücklicher betont, eindringlicher gefordert und enthusiastischer gepriesen. Wo ist die Liebe in unserer Welt geblieben?

Was ist geschehen, was ist der Grund dafür, daß der Mensch, dem Liebe geschenkt und dem Liebe als höchstes Gebot auferlegt wurde, die Liebe so mißversteht und verleugnet?

Der Mensch hat den geistigen Sinn und Inhalt der Liebe vergessen, verdrängt, unterdrückt. Er betrachtet die Liebe weitgehend von einem rein materialistischen – sinnlichen – Standpunkt aus. Wie auch hinsichtlich so vieler anderer Aspekte des Lebens weigern sich die meisten Menschen, das zu akzeptieren, was nicht naturwissenschaftlich nachgewiesen ist und nicht materiellen Wert für sie hat. Was existiert, muß dem Wahrnehmungsvermögen zugänglich sein!

Daher erscheint heutzutage Liebe weitgehend auf bloße Sexualität abgewertet. Wenn heute jemand von »Liebe« spricht, kommt das manchen entweder als sentimental oder als peinlich vor. Viele Menschen scheuen sich tatsächlich, das Wort »Liebe« unbefangen auszusprechen, und sie haben Schuldgefühle, wenn sie Liebe für einen Menschen oder für etwas, das sie innerlich bewegt, empfinden. Solche Schuldgefühle sind oft sogar dann vorhanden, wenn jemand nur ein Gefühl inniger Vertrautheit zu einem anderen Menschen empfindet, und er schämt sich, dieses wundervolle brüderliche Gefühl offen zum Ausdruck zu bringen.

Natürlich liegt der Grund, der zu dieser Verwirrung geführt hat, darin, daß der Mensch dem Begriff Liebe, wie Jesus ihn uns verkündet hat, seinen tiefen und schönen Sinn genommen und ihn zu einem materiellen Begriff entstellt und erniedrigt hat. Alles, was wir in der *Heiligen Schrift* über die Liebe lesen, läßt keine andere Deutung zu, als daß Liebe eine geistig-seelische Einstellung ist, eine Geistes- und Gefühlshaltung des Verstehens, des Nichtverurteilens, des Wohlwollens und der Wertschätzung.

Liebe ist die Manifestation des unendlichen vollkommenen Geistes. Liebe ist die Kraft, die den Menschen zur Harmonie mit seinem eigenen Ich, mit seinen Mitmenschen, mit seiner Umwelt führt. *Liebe ist »Geist von seinem Geiste«. Sie ist der Weg zu Gott, denn Gott ist die Liebe.* Wenn Liebe sich unter Menschen offenbart, dann haben sie am unendlichen vollkommenen Geist Gottes teil.

Wenn jemand von Liebe erfüllt ist, strahlt er Licht und Freude aus, die sich dadurch manifestieren, daß sie von anderen Menschen empfangen und zurückgestrahlt werden. Ist das nicht das, was Jesus tat? Hat Jesus uns nicht immer wieder gelehrt, daß Liebe zu Gott führt, weil Gott die Liebe ist?

Unsere bedrohte Zeit und der beklagenswerte Zustand der Menschheit drängen uns, glaube ich, uns zu besinnen, was Liebe tatsächlich ist. Im altgriechischen Text des *Neuen Te-*

staments wird dem Begriff des Eros, der begehrenden Liebe, der Begriff der Agape gegenübergestellt, der Liebe Gottes, der auf die Liebe des Menschen antwortet. Die Liebe des Menschen vollendet sich in der Nächstenliebe, die einschließt, auch die Feinde zu lieben.

Vor dem siebzehnten Jahrhundert wurde in englischen Bibelübersetzungen für den Begriff der Liebe oft der Ausdruck »Charity« gebraucht. Charity hatte damals auch den Sinn von Teilen, von Verstehen, von Wertschätzung und Brüderlichkeit. Erst als der Begriff sich mehr und mehr auf die Bedeutung »Mildtätigkeit« verengte, wurde er durch den Ausdruck »Love« ersetzt. Auch heute noch wird in *Webster's Dictionary* als erste und wichtigste Definition von »Charity« Liebe genannt.

Vielleicht brauchen wir, weil das zwanzigste Jahrhundert den Begriff des Wortes »Liebe« so sehr verzerrt hat, einen neuen Ausdruck, um das zu beschreiben, was JESUS und alle erleuchteten Lehrer der großen Weltreligionen mit dem Wort Liebe ausdrücken wollen.

Heute wird »Liebe« weitgehend mit sexueller Aktivität gleichgesetzt, und oft noch mit einer Sexualität, die nichts anderes mehr beinhaltet als körperliches Begehren. Man kann dafür nicht allein die Freudianer verantwortlich machen, obwohl ihre Überbetonung des Sexualtriebs sicherlich auch eine Rolle gespielt hat.

Es ist bedauerlich, wie bereitwillig die Massenmedien dem Trend zur Herabwürdigung des Wortes »Liebe« gefolgt sind. Ich habe in einem Pressebericht über die Verhandlung eines besonders gemeinen Verbrechens gelesen, daß eine Zeugin aussagte, sie habe mit einem der Angeklagten mehrmals, aber auch mit anderen »Liebe gemacht«. Offensichtlich bezog sich ihre Aussage auf den Geschlechtsakt – unter Umständen, die ausschlossen, daß Liebe im Spiel gewesen sein konnte. Die Formulierung der Frau geisterte, auch außerhalb der wörtlichen Wiedergabe der Zeugenaussage, durch den ganzen Bericht über die Gerichtsverhandlung!

Natürlich kann der Geschlechtsverkehr Ausdruck großer Anziehungskraft und auch großer Liebe sein; zweifellos ist er aber nicht Liebe an sich. Liebe kann sich auch ohne sexuelle Aktivität und ohne auf das Geschlechtliche bezogene Absicht offenbaren. *Sexualität und Liebe sind keine Synonyme!*

Ich komme noch einmal auf den Gedanken zurück, daß wir vielleicht den Sinn des Wortes »Liebe«, wie JESUS ihn verstand, wegen seiner semantischen Veränderung nicht mehr verstehen und daß wir deshalb einen neuen Ausdruck suchen sollten. *Webster's Dictionary* gibt unter dem Stichwort »Love« folgende Deutungen: »Zuneigung, die auf Bewunderung oder Wohlwollen basiert; ein Liebesversprechen; starke Anhänglichkeit; Begeisterung oder Ergebenheit; das Objekt solcher Begeisterung oder Ergebenheit; eine selbstlose Beziehung, die den anderen in Loyalität frei akzeptiert und auf sein Wohl bedacht ist; die Anziehung, die in sexuellem Begehren begründet ist; eine geliebte Person; wenn in Großbuchstaben, Bezeichnung der Christian Science für Gott.« Beachten Sie und werten Sie das nicht als Zufall, wie weit zum Ende hin der sexuelle Aspekt der Liebe plaziert erscheint. Die meisten Menschen würden heute den sexuellen Aspekt an die erste Stelle setzen.

Ich habe mich ziemlich ausführlich mit der semantischen Problematik des Wortes »Liebe« befaßt, und zwar deshalb, weil ich glaube, daß die Überbetonung des sexuellen Aspekts vielen Menschen Unbehagen bereitet und ihnen eine offene und unbefangene Diskussion über die Liebe erschwert. Weil die Idee der Liebe eine so schillernde Bedeutung bekommen hat, ziehen viele es vor, sie zu ignorieren. Begriffliche Unklarheit führt immer zu Unsicherheit und Verwirrung.

Diese innere Zwiespältigkeit hat zur Folge, daß der Mensch unserer Zeit auf die lohnendste Erfahrung verzichtet und sich den einzigen direkten Weg zu Gott verbaut: der Schlüssel zur Erkenntnis des unendlichen vollkommenen Geistes ist die Liebe – die Aufgeschlossenheit für die Liebe und ihre Verwirklichung im Leben.

Wenn Sie eine klare Definition des Begriffs der Liebe suchen, dann finden Sie eine solche samt einer hervorragenden Anleitung, wie wir die Liebe im Leben entfalten sollen, bei PAULUS, und zwar vor allem in seinem *Ersten Brief an die Korinther.* Es lohnt sich, daß Sie das schon eingangs dieses Buches auszugsweise zitierte Kapitel 13 hier nochmals lesen:

»Wenn ich mit Menschen- und mit Engelzungen redete und hätte die Liebe nicht, so wäre ich ein tönendes Erz oder eine klingende Schelle. Und wenn ich prophetisch reden könnte und wüßte alle Geheimnisse und alle Erkenntnis und hätte allen Glauben, so daß ich Berge versetzen könnte, und hätte die Liebe nicht, so wäre ich nichts. Und wenn ich alle meine Habe den Armen schenkte und wenn ich meinen Leib hingeben würde, um Ruhm zu gewinnen, und hätte die Liebe nicht, so würde mir's nichts nützen.

Die Liebe ist langmütig und freundlich, die Liebe ist nicht eifersüchtig, die Liebe treibt nicht Mutwillen, sie bläht sich nicht auf, sie verletzt nicht den Anstand, sie sucht nicht das Ihre, sie läßt sich nicht erbittern, sie trägt das Böse nicht nach, sie freut sich nicht über das Unrecht, sie freut sich vielmehr an der Wahrheit; sie erträgt alles, sie glaubt alles, sie hofft alles, sie duldet alles.

Die Liebe hört niemals auf, während doch das propheti-

sche Reden aufhören wird und das Zungenreden aufhören
wird und die Erkenntnis aufhören wird. Denn unser Wissen
ist Stückwerk, und unsere Prophetie ist Stückwerk. Wenn
aber kommen wird das Vollkommene, so wird das Stückwerk aufhören. Als ich ein Kind war, da redete ich wie ein
Kind und dachte wie ein Kind und urteilte wie ein Kind; als
ich aber ein Mann wurde, tat ich ab, was kindlich war. Wir
sehen jetzt nur undeutlich wie in einem trüben Spiegel; dann
aber von Angesicht zu Angesicht. Jetzt erkenne ich stück-
weise; dann aber werde ich erkennen, wie ich erkannt bin.
*Nun aber bleiben Glaube, Hoffnung, Liebe, diese drei; aber
die Liebe ist die Größte unter ihnen.«*

Und gleich anschließend ermahnt er uns in demselben
Brief (14, 1): »Strebt nach der Liebe!«

Paulus äußert sich immer wieder über die Liebe. In
einigen Abschnitten seines *Briefes an die Römer* erläutert er
die Beziehung zwischen Gesetz und Liebe und gibt praktische Hinweise; dort (13, 7–10) heißt es:

»So gebt nun jedem, was ihr schuldig seid: Steuer, dem
Steuer zusteht; Zoll, dem Zoll zusteht; Achtung, dem Achtung gebührt; Ehre, dem Ehre gebührt.

Seid niemand etwas schuldig, außer daß ihr einander
liebt; denn wer den andern liebt, der hat das Gesetz erfüllt.
Denn die Gebote (2. Mose 20, 13–17): ›Du sollst nicht ehe-
brechen; du sollst nicht töten; du sollst nicht stehlen; du
sollst nicht begehren‹, und was es sonst noch an Geboten
gibt, sind in diesem Wort zusammengefaßt (3. Mose 19, 18):
›Du sollst deinen Nächsten lieben wie dich selbst.‹ Die Liebe
tut dem Nächsten nichts Böses. *So ist nun die Liebe die Erfüllung des Gesetzes.«*

An anderer Stelle (Römer 14, 1–4 und 13–18) erklärt er
uns:

»Den Schwachen im Glauben nehmt an, aber streitet nicht über Meinungen. Der eine glaubt, daß er alles essen darf; der Schwache aber ißt nur pflanzliche Nahrung. Wer ißt, der verachte den nicht, der nicht ißt; und wer nicht ißt, der richte den nicht, der ißt; denn Gott hat ihn angenommen. Wer bist du, daß du einen fremden Knecht richtest? Er steht oder fällt seinem eigenen Herrn. Er wird aber stehen bleiben; denn der Herr kann ihn sehr wohl aufrecht halten.«

»Darum laßt uns nicht mehr einer den andern richten; sondern darauf richtet vielmehr euern Sinn, daß niemand seinem Bruder Anstoß oder Ärgernis gibt.

Ich weiß und bin gewiß in dem Herrn Jesus, daß nichts an sich unrein ist; nur für den, der es für unrein hält, ist es unrein. Wenn aber dein Bruder wegen deiner Speise angefochten wird, so handelst du schon nicht mehr nach der Liebe. Bringe nicht durch deine Speise den ins Verderben, für den Christus gestorben ist. Darum seht zu, daß nicht das Gute, das ihr habt, in Verruf kommt. *Das Reich Gottes ist doch nicht Essen und Trinken, sondern Gerechtigkeit und Friede und Freude im heiligen Geist.* Wer Christus so dient, der ist Gott wohlgefällig und bei den Menschen geachtet.«

Ich habe in ziemlicher Länge aus den Paulusbriefen zitiert. Die Zitate sind wichtig zum Verständnis des christlichen Liebesbegriffs, und *die Liebe ist die Grundlage der gesamten Lehre Jesu.*

Wenn wir lesen, was im *Neuen Testament* über die Liebe gesagt wird (ich habe nur wenige Auszüge wörtlich wiedergegeben), dann erkennen wir deutlich, daß Liebe Verständnis und Ehrfurcht gegenüber allem Lebendigen, also gegenüber der ganzen Schöpfung, ist, daß Liebe ein Versuch ist, das Gute in allem, was ist und lebt, zu sehen, ein Versuch, nicht zurückzublicken, sondern sein Augenmerk auf das Gegenwärtige und das Zukünftige zu richten, und daß in ihr *kein Platz ist für destruktives Richten und für Verdammung, überhaupt für negatives Denken über uns, unsere Lebensumstände und über andere.*

Wir müssen lernen, in allem was ist und uns widerfährt, das Positive zu sehen. Mit Recht werden wir zum Beispiel ermahnt, den Zöllnern und Steuereinnehmern zu geben, was wir ihnen schuldig sind, und Achtung und Ehre zu erweisen, wem sie gebühren. Wir sollen nicht über die Speisen richten, die andere essen. Wir sollen nichts, was in unserer Erfahrung »sichtbar« wird, als unrein betrachten. Erinnern Sie sich des zitierten Pauluswortes: »Ich weiß und bin gewiß in dem Herrn Jesus, daß nichts an sich unrein ist; nur für den, der es für unrein hält, ist es unrein.«

Es gehört zur Grundidee der christlichen Liebe, daß wir allen Geschöpfen, allen Lebensäußerungen und Lebenserscheinungen mit Achtung und Wohlwollen begegnen, daß wir versuchen, das Gute in allem zu sehen.

Die Botschaft der Liebe enthält auch die wichtige *Mahnung, nicht zu richten.* Wenn wir richten, leugnen wir den Geist Gottes im Mitmenschen. »Liebe tut dem Nächsten nichts Böses.«

Wenn wir auch in verstehender Liebe eine unrechte Handlung unrecht nennen und uns selbst oder andere für einen Fehler tadeln dürfen, so ist uns demgegenüber nicht erlaubt, zu denken oder zu sagen, wir selbst oder andere seien schlecht, mißraten oder unwürdig. Wenn wir uns oder andere so sehen, verstoßen wir gegen die Liebe, die »des Gesetzes Erfüllung« ist. Wer verdammt, gibt vor, daß Gott nicht vollkommen sei. Da Gott die Liebe ist und da wir kraft Liebe Zugang zu Gott haben, zerstören wir, wenn wir verurteilen, die geistige Brücke, die uns mit Gott und jedem Menschen verbindet.

Wenn wir die ermutigende Lehre JESU über die wahre Liebe begreifen und zu beherzigen beginnen, *dann können wir die sich vervielfältigende Kraft der Liebe in unserem Leben auch verwirklichen.* Liebe ist wahrscheinlich das einzige Existierende, das sich durch Teilung vervielfacht! Je mehr Liebe Sie bekunden und schenken, um so mehr Liebe gewinnen Sie. Je mehr Liebe Sie gewinnen, um so mehr Liebe können Sie schenken.

Im *Matthäusevangelium* (24, 14) lesen wir: »Und dies Evangelium vom Reich wird in der ganzen Welt gepredigt werden zum Zeugnis für alle Völker.« Im *Markusevangelium* (13, 10) heißt es: »Und allen Völkern muß zuvor das Evangelium verkündigt werden.« Im *Lukasevangelium* (24, 47) wird das Jesuswort berichtet: »So steht's geschrieben, daß ... in seinem Namen Buße zur Vergebung der Sünden gepredigt wird unter allen Völkern, angefangen mit Jerusalem.«

Diese Worte JESU beziehen sich, glaube ich, ganz spezifisch auf die sich vervielfachende Kraft der Liebe, die sich aufgrund seiner Lehre über den ganzen Erdkreis ausdehnen soll.

Wenn die christlichen Missionare der Zeit vom vierzehnten Jahrhundert bis heute die Liebe als das Wesen ihrer Verkündigung gepredigt hätten, wenn sie das begeisternde und aufbauende Positive der christlichen Lehre in den Vordergrund gestellt hätten, statt sich so sehr darum zu bemühen, die Menschen auf das kirchliche Dogma einzuschwören und ihnen eine fremdartige Zivilisation aufzuzwingen. Wie anders könnte die Welt heute sein! Und wieviel rascher würde wahres Christentum sich ausgebreitet haben! Aber die Verkündiger des Christentums waren vor allem auf die Verbreitung der Dogmen bedacht; nur wenige Erleuchtete versuchten je, die Liebe in den Menschen zu erwecken, die sie zu

wahrem Mensch- und Christsein hätte begeistern können.
Das Ergebnis konnte nichts anderes sein als das, was wir alle
kennen: ein Rückschlag für die Menschheit und für die Idee
des Christentums.

Welch ein Unterschied im Anliegen und im Erfolg zwischen den Missionaren der letzten Jahrhunderte und zum
Beispiel einem ALBERT SCHWEITZER! Wie wunderbar kann
die »Ausbreitung des Wortes« sein, wenn man als Grundlage des »Wortes« das Konzept der Liebe ansieht: in allen
Geschöpfen das Gute zu sehen!

Die sich vervielfachende Kraft der Liebe ist eine so gewaltige Macht, daß wir uns wahrscheinlich vor ihrer vollen Entfaltung ein wenig fürchteten, das heißt, wenn wir überhaupt
jemals die Bedeutung der Liebe wirklich begriffen haben.
Wenn wir die Liebe, die JESUS uns gelehrt hat, im Leben tatsächlich verwirklichten – wie anders würde die Welt heute
aussehen! Wir wären die Zeugen der entscheidenden Revolution der Menschheit, der Verwirklichung des Reiches Gottes auf Erden, des Durchbruchs zum unendlichen Geist, der
allen Menschen innewohnt.

Die meisten Menschen, die die Liebe »zu allen Geschöpfen« zu verwirklichen versuchen, sehen sich mit einer Menge
Schwierigkeiten konfrontiert. Wir alle haben es sehr oft mit
Menschen zu tun, die wir »nicht ausstehen« können – wie
sollen wir es fertigbringen, sie zu lieben, wenn es schon so
schwer ist, sie auch nur zu mögen?

*Lieben heißt in diesem Zusammenhang, in allen Menschen
das Göttliche zu sehen.* Das verlangt von uns, daß wir das
Gute sehen; das verlangt von uns, daß wir niemanden verurteilen; und wenn wir doch verurteilt haben, daß wir vergeben; das verlangt von uns, daß wir anderen Menschen helfen, ihr Ziel zu erreichen, ihnen helfen, den Weg zum leben-

digen Geist zu finden, der ihr und unser Ziel ist. Wir müssen »auch die zweite Meile mit ihm gehen«.

Liebe hat eine magnetische Anziehungskraft. Wenn Sie versuchen, einem anderen Menschen in Liebe zu begegnen, dann spürt er das, und es wird sehr schwer für ihn sein, eine ablehnende Haltung gegen Sie einzunehmen. Wenn ein Mensch Verständnis, Anerkennung, Toleranz, Brüderlichkeit von einem anderen erfährt, dann fühlt er sich gestärkt, bestätigt, und er wird das Gefühl, das man ihm entgegenbringt, in der Regel erwidern.

Je mehr Verständnis, Anerkennung, Toleranz und Brüderlichkeit Sie einem anderen Menschen entgegenbringen, um so mehr erhalten Sie zurück. *Die einzige Möglichkeit, mehr Liebe zu empfangen, ist die, mehr Liebe zu geben!*

Liebe, das Gebot menschlicher Bestimmung, sollte darum die uns innewohnende magnetische Kraft sein. Sie muß die Grundhaltung beherrschen, die unser gesamtes Handeln bestimmt; denn durch die Liebe ziehen wir andere Menschen an, und nur kraft Liebe sind wir guter Gedanken fähig, die wiederum für uns das Gute, ja die Fülle des Lebens anziehen.

Was die Kraft der Liebe zu bewirken vermag und wie sie einzuschätzen ist, das hat uns sehr schön und sehr überzeugend *Teilhard de Chardin* offenbart:

»Eines Tages, wenn die Winde, die Wellen,
die Gezeiten und die Schwerkraft
gemeistert sind,
werden wir für Gott die Kräfte
der Liebe nutzbar machen,
und dann wird der Mensch zum zweiten Mal
in der Geschichte der Welt
das Feuer entdeckt haben.«

Wie ermutigend ist diese Feststellung! Wenn die Menschheit sich tatsächlich der alle Fesseln sprengenden Kraft der Liebe bewußt wird, der ungeheuren Macht und Energie, die in jedem Menschen latent vorhanden sind, dann wird sich das »Angesicht« der Erde erneuern, mehr noch: dann wird die Welt eine noch viel größere Umwälzung erfahren, als sie die Erfindung des Feuers, der Maschine oder der Atomenergie zuzuschreiben war.

9

Freiheit: die Gabe für die,
die sie annehmen

Nichts ist kostbarer als die Freiheit. Freiheit ist für uns Menschen eine unverzichtbare Bedingung geistig-seelischer Gesundheit. BALTASAR GRACIÁN, spanischer Moralphilosoph des siebzehnten Jahrhunderts, erklärt uns: »Freiheit ist wertvoller als alle Güter, für deren Besitz man versucht sein könnte, sie aufzugeben.« Sicher hat er recht. »Freiheit«, stellt JOHANN WOLFGANG VON GOETHE in den Raum, »ein schönes Wort, wer's recht verstände.« Tatsächlich ist sie sehr oft mißverstanden worden.

Schon einmal ist »Freiheit zu« nicht das gleiche wie »Freiheit von«. Meist interessiert jedoch den Menschen die Freiheit zu etwas viel mehr, zum Beispiel die Freiheit zur Befriedigung körperlicher oder materieller Bedürfnisse. Wir sollten uns aber mehr um die »Freiheit von« bemühen: die Freiheit von den Fesseln, die wir unserem schöpferischen Geist angelegt haben, unserem Gewissen, unserem freien Willen.

Ich halte in diesem Zusammenhang den folgenden Passus des *Johannesevangeliums* (8, 31–36) für besonders wichtig: »Da sagte Jesus zu den Juden, die an ihn glaubten: ›Wenn ihr bei dem bleibt, was ich euch gesagt habe, seid ihr wahrhaftig meine Jünger und werdet die Wahrheit erkennen, und die Wahrheit wird euch freimachen.‹ Da sagten sie zu ihm: ›Wir sind Abrahams Kinder und sind nie jemands Knecht gewesen. Wie kannst du dann sagen: Ihr sollt frei werden?‹ Jesus antwortete ihnen: ›Wahrlich, wahrlich, ich sage euch: Wer Sünde tut, der ist der Sünde Knecht. Der Knecht bleibt nicht für immer im Haus; der Sohn aber bleibt ewig. Wenn euch nun der Sohn freimacht, so seid ihr wirklich frei.‹«

Wenn JESUS uns, wie er gesagt hat, wirklich freigemacht hat, wodurch verlieren wir dann unsere Freiheit? Wenn Freiheit uns geschenkt worden ist, warum fühlen so viele von uns sich unterdrückt? Warum fühlen sie sich als Sklaven ihrer Umgebung oder von den Umständen zu einem Leben gezwungen, das alles andere als frei ist?

Ist es nicht so, daß die schlimmste aller Tyranneien die Unterdrückung des Geistes ist? Doch was bedeutet »Unterdrückung des Geistes«? Ist sie nicht der Verlust der geistigen Freiheit? Zum besseren Verständnis müssen wir zunächst den Begriff »Freiheit« definieren.

Worüber wir hier sprechen – das, was Jesus uns zugesagt hat –, ist Freiheit des Geistes, die *Freiheit, eine Wahl zu treffen.*

Das Schlimmste für den Menschen ist die Versklavung des Geistes. Und diese Versklavung nimmt der Mensch gewöhnlich bereitwillig in Kauf. Tatsächlich ist er selbst meist sogar ihr Urheber. Das Individuum schafft sich selbst seine eigene »geistige Tyrannei«.

VIKTOR FRANKL, der große Wiener Psychiater und Begründer der Existenzanalyse und der Logotherapie, verbrachte Monate in einem Vernichtungslager der Nationalsozialisten. Als ein selbst zum Tode Verurteilter erfuhr er dort, daß viele seiner Angehörigen umgebracht worden waren. Aber er berichtete, daß er zum erstenmal in seinem Leben Freiheit fand, wirkliche Freiheit, als er dort auf seine Hinrichtung wartete. Er war, wie er sagte, zum erstenmal Herr seines eigenen Geistes – er lernte, wie man sich selbst freimacht! Er erfuhr die Kraft des lebendigen Geistes. Frankls 1965 erschienenes Werk *Der Mensch auf der Suche nach dem Sinn* ist ein ergreifendes Dokument der Freiheit; es zeigt uns die Fähigkeit des Menschen, sich über seine Umgebung, seine Lebensumstände und alle Schwierigkeiten zu erheben und trotz körperlicher Mißhandlung und Freiheitsberaubung wirklich frei zu werden.

Wenn wir das Wesen wirklicher Freiheit verstehen wollen, sollten wir zuerst die Ursachen der Versklavung zu erkennen versuchen.

Es liegt auf der Hand und bedarf keiner Erklärung, wie der Mensch körperlich geknechtet werden kann. Wir kennen die Sklaverei im Wortsinn, wir kennen gewaltsame Freiheitsberaubung und gewaltsame politische Unterdrückung. Aber nur wenige von uns machen sich klar, daß es auch geistige Versklavung gibt. Wir erkennen sie nicht als solche, weil sie so allgemein verbreitet ist, weil sie soviel raffinierter und effektiver ist! Es ist *die* geistige Versklavung, aus der JESUS uns den Weg zur Freiheit zeigte.

Es ist eine Tatsache, daß ein Großteil der Menschheit in der schlimmsten Art von Sklaverei lebt, obwohl alle großen Religionen ohne Ausnahme, und ganz besonders das Christentum, uns gelehrt haben, wie wir frei werden. Wir sind Sklaven, weil wir nur den materiellen Aspekten des Daseins zugewandt leben und uns vom Materialismus unserer Zeit geradezu betäuben lassen. Wir sehen nur das Materielle und bemerken kaum noch etwas von der großen Schönheit, die in uns selbst und allen Geschöpfen ist. Wir vergessen das

Wichtigste: »Gottes unsichtbares Wesen ... wird seit der Schöpfung der Welt an seinen Werken mit der Vernunft wahrgenommen« (Römer 1, 20).

Weil wir uns so sehr an das Materielle klammern und deshalb das Wunderbare unserer geistigen Realität übersehen, erleiden wir so viele Enttäuschungen, was uns einer grundsätzlich negativen Einstellung zum Leben zutreibt. *Als Sklaven unserer negativen Einstellung werden wir unweigerlich auch Sklaven all des Negativen, das uns immer und überall in der Welt umgibt.* Wir können keine Nachrichtensendung im Fernsehen sehen oder im Rundfunk hören, keine Zeitung aufschlagen, ohne von Informationen destruktiven Inhalts überschüttet zu werden.

Ich habe mir oft gedacht, daß wir unseren Nachrichtenmedien für ihre überwiegend negativen Meldungen eigentlich dankbar sein müßten, daß wir uns freuen sollten, daß sie uns soviel Negatives mitteilen, denn das beweist doch, daß die Medien es für berichtenswert halten! Natürlich wäre es wunderbar, wenn sich im Welt- und Alltagsgeschehen nur Erfreuliches ereignen würde, aber was den Massenmedien berichtenswert erscheint, das muß Seltenheitswert und den Charakter des Ungewöhnlichen haben.

Wir sollten uns deshalb von Nachrichten negativen Inhalts nicht ärgern oder deprimieren lassen. Es wäre schrecklich, wenn eines Tages nur noch Gutes und Erfreuliches berichtet würde – wenn das Gute Seltenheits- und Sensationswert hätte! Glücklicherweise trifft das nicht zu.

Was hingegen zutrifft, ist schlimm genug: *wir haben keine distanzierte Einstellung gegenüber der Flut destruktiver Nachrichten.* Wir lassen die negativen Inhalte auf uns einwirken, sie prägen nicht nur unser Bewußtsein, sondern auch unser Unbewußtes. Wir versäumen, durch die Vergegenwärtigung all des Guten, das es auch gibt, unsere positiven Gegenkräfte zu mobilisieren, und lassen uns von Empörung und Haß und anderen destruktiven Gefühlen anstecken. Das ist sicher nicht nur nicht realistisch, sondern auch nicht konstruktiv!

Als zwangsläufige Folge all der uns bewußt und unbewußt prägenden Eindrücke negativen Inhalts entwickeln wir eine negative und eine durch und durch materialistische Einstellung uns selbst, unseren Mitmenschen und dem Leben gegenüber. Mehr noch: Wir erschaffen uns unsere Wirklichkeit aus diesem Negativen.

Wir akzeptieren Zerstörerisches, das uns von außen eingeprägt worden ist – durch unsere Umgebung, durch unsere Erziehung, durch die Medien, durch »Autoritäten« – und das wir zu unserer eigenen Erfahrung gemacht haben. Wie oft waren wir schlechten Einflüssen ausgesetzt! Wie oft hatten die Autoritäten unrecht! Wer sich in einer Position befindet, in der man ihn als »Autorität« betrachtet, entwickelt meist sehr bald das nötige Gefühl der Bescheidenheit. Jeder Gelehrte kann Ihnen die Erfahrung bestätigen: Je mehr Fakten man aufnimmt, um so stärker wird einem bewußt, wie wenig man wirklich weiß und wie viele allgemein akzeptierte »Fakten« sich nachträglich als falsch erwiesen haben. Wie oft machen uns »Autoritäten« auf einem bestimmten Gebiet zu Sklaven ihrer eigenen Vorurteile und Irrtümer!

Wenn wir uns die Entdeckungen und die tatsächlichen Durchbrüche auf welchem Gebiet immer der wissenschaftlichen Forschung ansehen, können wir feststellen, daß die entscheidenden Impulse sehr oft von Menschen ausgingen, die sich ihre Freiheit unabhängigen und kreativen Denkens und Handelns bewahrt hatten und die sich nicht von dem dogmatischen Festhalten irgendwelcher Autoritäten an »unverrückbaren feststehenden Tatsachen« beeindrucken ließen.

Ich will damit aber keineswegs sagen, daß der Mensch, um frei zu sein, die »Wahrheiten« aller Autoritäten auf den verschiedensten Gebieten der Wissenschaft und der Forschung ablehnen muß. Das wäre der Gipfel der menschlichen Überheblichkeit. Was ich meine, ist dies: *Der Mensch muß sich neben seinem Wissen auch seiner Intuition bedienen, muß von seiner Freiheit der Wahl Gebrauch machen, indem er selbst darüber entscheidet, was er als Wahrheit akzeptiert.*

Wenn Sie etwas fest genug glauben, dann wird es für Sie Wirklichkeit! Wenn Sie etwas akzeptieren, dann ist das Ihre Wirklichkeit! Die einzige Realität, die es für Sie gibt oder für Sie geben kann, ist das, was Sie Ihrer Vorstellung und Überzeugung nach für wahr halten. Das, was Ihrem Glauben zufolge Wahrheit ist, das *ist* Ihre Wirklichkeit. Diese Tatsache hat aber nichts damit zu tun, ob Ihre Überzeugung richtig oder falsch ist.

Wie oft lassen wir uns in unserem Glauben irreleiten! Wie oft akzeptieren wir etwas als Tatsache und entdecken später, meist zu unserem Bedauern, daß wir nicht über alle nötigen Informationen verfügten oder von falschen Voraussetzungen ausgingen oder daß man uns sogar bewußt irregeführt hat!

Wir werden so leicht zur Annahme von mißverstandenen, nicht nachprüfbaren oder falsch interpretierten Tatsachen verführt, daß es kein Wunder ist, wenn wir uns eingeengt oder verunsichert fühlen. Das muß ja schon fast so sein, nachdem wir uns nur auf die naturwissenschaftlich faßbaren Tatsachen und unsere materialistische Weltsicht stützen. Materialistisch begründete Tatsachen sind genau die Art von Tatsachen, die wir aus allen Medien, fast ausschließlich aufgrund unserer Erziehung und aus unserer Umgebung vermittelt erhalten.

Ich habe sehr wenig Vertrauen in die Zukunft der Universitätserziehung im heutigen Amerika*. Praktisch das einzige, was die Universitätserziehung heute leistet, besteht neben der Wissensvermittlung in der Aktivierung gewisser sensorischer Zentren der Studenten – und das hat nichts zu tun mit einer Anleitung zur Entwicklung der geistigen Kreativität. Tatsächlich wird sogar auch die körperliche Erziehung an den heutigen Universitäten vernachlässigt (sensationelle Sportveranstaltungen sind kein Gegenbeweis). Solange die Universität sich auf Informationsvermittlung beschränkt und den Studenten nicht hilft, ihr Bewußtsein auf die Entwicklung ihrer geistigen Kräfte einzustellen, mangelt es ihr an echter Legitimation.

Wir müssen einsehen lernen, wie wichtig es ist, daß wir uns nicht von rein materialistischen Ideen über uns und unsere Welt versklaven lassen. *Wir müssen uns die Möglichkeit geben, uns geistig freizumachen. Jeden Tag müssen wir unser Wissen in Frage stellen.*

Unschuld – hier nicht nach geschlechtlichen Kriterien aufzufassen – bedeutet vor allem, daß wir unser Denken nicht von der Weltsicht des Materialismus beherrschen lassen. Wenn wir frei sein wollen, dann müssen wir die Worte des PAULUS in seinem *Zweiten Brief an die Korinther* (4, 4) bedenken über »... die Ungläubigen, denen der Gott dieser Welt den Sinn verblendet hat, damit sie das helle Licht des Evangeliums nicht sehen, des Evangeliums von der Herrlichkeit Christi, der das Ebenbild Gottes ist.«

Um Freiheit – wirkliche Freiheit – zu gewinnen, müssen wir erkennen, wodurch wir unsere Unschuld tatsächlich verloren haben, was uns die Freiheit genommen hat, die Gott uns geschenkt hat. Wir werden herausfinden, daß unsere

---

* Der Autor, vierfacher Doktor, hat eine jahrzehntelange Universitätskarriere hinter sich und wurde für seine Verdienste als akademischer Lehrer mit zahlreichen Auszeichnungen geehrt.

Versklavung die direkte Folge unserer Verblendung war, uns die Realität unseres eigenen Seins sowie der Welt nach rein materialistischen Kriterien vorzustellen. So machten und machen wir uns selbst zu Sklaven!

Die Wirklichkeit unserer Welt liefert uns keine Argumente, um die Verfechter der Milieutheorie zu widerlegen, die behaupten, daß die Entwicklung und die Eigenart jedes Menschen durch die Anpassung an die verschiedenen Umweltbedingungen und -einflüsse bestimmt werden. Sie sagen, wir seien ein Produkt unserer Umwelt. Das stimmt für die meisten von uns; aber es muß nicht so sein.

Sie könnten Hunderte von Beispielen finden, die beweisen, daß Menschen, die aus ein und derselben Familie stammen und unter völlig gleichen Umweltbedingungen aufgewachsen sind, trotzdem in ihrer Haltung, ihren Fähigkeiten, ihrer Moral und Bildung so verschieden sind wie Tag und Nacht. Wodurch kommen solche Unterschiede zustande?

Der eine läßt sich von den Einflüssen der Umwelt verführen: ihr paßt er sein Denken und Glauben, sein Vorstellen und Fühlen an. Der andere überwindet den Einfluß der Umwelt, er läßt sich von innen her leiten: *er vertraut sich der Führung des ihm innewohnenden lebendigen Geistes an.* So macht er sich von seiner materiellen Lebenserfahrung und seiner Umwelt frei und öffnet sich dem Kreativen seines Geistes.

Der große Arzt und Wohltäter Dr. ALBERT SCHWEITZER hat einmal gesagt, der Mensch müsse aufhören, die Umwelt für seine Schwierigkeiten verantwortlich zu machen. Er müsse wieder lernen, aus freiem Willen seine persönliche Verantwortung im Reich des Glaubens zu akzeptieren.

Dr. MATTHEW N. CHAPPELL, der bekannte amerikanische Psychologe, hat gesagt: »Glück, eine Manifestation der Freiheit, ist etwas rein Innerliches. Seine Erfahrung wächst nicht von außen zu; Glück wird dem Individuum zuteil aufgrund seiner Ideen, Vorstellungen und Verhaltensweisen, die, unabhängig von der Umwelt, durch seine eigenen Aktivitäten entwickelt und realisiert werden.

Ehe der Mensch nicht aufhört, alle seine Probleme, alles, was ihn zum Sklaven und unglücklich macht, seiner Umwelt anzulasten, und ehe er sich nicht seines freien Willens bewußt wird [daß er immer frei in seinem Geist ist, wenn er frei sein will], solange wird er kein freier Mensch sein.«

Die in der Nachfolge SIGMUND FREUDS stehenden Psychologen vertreten die Theorie – die von den meisten Schülern CARL GUSTAV JUNGS nicht geteilt wird –, daß unsere elementaren Triebe – vor allem der Sexualtrieb – für unser Leben bestimmend sind. Sie erklären uns zu Sklaven unserer Triebe. Manche Freudianer gehen soweit zu behaupten, daß wir keine Macht haben, über unser eigenes Schicksal zu entscheiden, weil wir unseren körperlichen Trieben und psychischen Zwängen ausgeliefert seien und so unsere Freiheit des Denkens und Handelns aufgehoben, ja zerstört werde. Ihnen scheint die Wirklichkeit unserer Welt recht zu geben, denn unsere heutige Gesellschaft (die nicht nur der westlichen, sondern der ganzen Welt) läßt sich von primitiver Triebhaftigkeit ja tatsächlich beherrschen.

Aber die Versklavung durch unsere Triebe ist nicht eine natürliche Notwendigkeit. Darin kann man den Freudianern nicht recht geben. Auf vielerlei Weise ist schon bewiesen worden – auch, worauf ich in Kapitel 4 schon hingewiesen habe, wissenschaftlich bewiesen worden – die Macht des Geistes über die Materie und jedenfalls über den Körper. Die Freudianer haben insofern recht, als die meisten Menschen den materiellen Aspekten des Lebens verfallen sind.

Im Prinzip aber haben sie unrecht, weil der Mensch einen freien Willen hat. Aufgrund dieses freien Willens kann er sich selbst freimachen, kann er selbst sein Leben gestalten, wenn er sich dazu entscheidet. Es liegt einzig und allein bei ihm selbst!

Eifersucht, Neid, Lüge, Habgier, Mißtrauen, Feindseligkeit und Haß und viele andere Auswüchse destruktiver Denk- und Gefühlsgewohnheiten tragen dazu bei, unsere Freiheit zu zerstören. Sie alle sind die Folge einer negativen Einstellung. Als Konsequenz solcher negativen Grundtendenzen beginnt der Mensch, seinen freien Willen in Frage zu stellen.

Wir können aber vollkommen frei sein! Seien wir uns bewußt, daß unser Gehirn eine enorme Speicherkapazität besitzt, die so ungeheuer groß ist, daß sie über unser Vorstellungsvermögen hinausgeht. Die Neurophysiologie hat festgestellt, daß Milliarden elektronischer Zellen benötigt werden, um eine Nachbildung des menschlichen Gehirns zu konstruieren. Fast dreißigtausend Kubikmeter Raum würde man für diese Zellen benötigen und ein Vielfaches für die Vernetzung dieser Zellen. Die Energie, die benötigt würde, um dieses technische Wunderwerk in Gang zu halten, würde unvorstellbar groß sein.

Aber wir selbst sind die Programmierer dieses ungeheuren Potentials! Was wir in das Gehirn einspeichern, das verarbeitet das Gehirn. Anders ausgedrückt: *Was wir denken und glauben, prägt unser Bewußtsein; und was wir gewohnheitsmäßig denken und glauben, verleibt sich auch dem Unbewußten ein.* Und diese Prägungen bestimmen entscheidend unseren Zustand (Gesundheit, Glück) und unser Verhalten (Hinwendung zur Liebe, zum Guten). In seinem *Brief an die Römer* (12, 2) sagt PAULUS: »Und stellt euch nicht dieser Welt gleich, sondern ändert euch durch Erneuerung eures Sinnes, damit ihr prüfen könnt, was Gottes Wille ist, nämlich das Gute und Wohlgefällige und Vollkommene.«

Die Analogie zwischen der Programmierung unseres Gehirns und der Programmierung eines Computers ist sehr aufschlußreich. Professionelle Computerprogrammierer haben einen besonderen Terminus technicus für die Tatsache, daß ein Computer, dem falsche oder verstümmelte Informationen eingegeben werden, auch falsche oder verstümmelte Informationen auswirft. Sie nennen diesen Vorgang »gigo«, eine Abkürzung für »garbage in, garbage out« (Schund herein, Schund heraus). Der Computer kann aufgrund mangelhafter oder falscher Informationen, also aufgrund einer schlechten Programmierung, nichts Richtiges, nichts Gutes zutage fördern.

Wird unser Gehirn als Organ unseres Bewußtseins ständig nur mit negativen, destruktiven Informationen über das Leben und die Menschen gefüttert, so liegen die Konsequenzen auf der Hand. Geben wir dem Bewußtsein bloß begrenzte oder fehlerhafte Informationen ein, dann wird es folgerichtig nur begrenzt oder fehlerhaft tätig werden können. Geben wir aber unserem Bewußtsein die großen geistigen Wahrheiten ein, dann wird sich unser Geist entfalten. Nur wer im Geiste lebt und sich der Denkart des Materialismus verweigert, kann als wirklich freier Mensch leben.

Aufgrund seines freien Willens hat der Mensch das Recht und die Möglichkeit, zu wählen. Auf sein Verhältnis zu Gott, dem unendlichen Geist, bezogen bedeutet das, daß er das Privileg besitzt, selbst zu entscheiden, ob er Gott und das Göttliche in ihm, die Kraft seines Geistes, anerkennen und beachten oder ob er versuchen will, außerhalb der Gesetze Gottes und der göttlichen Kraft in ihm zu leben. Die einzige wirkliche Freiheit in dieser Welt – für den Kaiser, den Millionär, das Genie wie auch für den gewöhnlich Sterblichen – besteht in der Freiheit des Geistes. Und nur *ihr erwächst die Erkenntnis der Wahrheit; sie ist uns gegenwärtig in der Schönheit, der Weisheit, der Fülle und dem Reichtum unseres Geistes, mit dem wir am unendlichen vollkommenen Geist teilhaben.*

Wir sind frei, wenn wir die Wahrheit erkennen, ohne daß wir sie durch unseren Verstand bestätigen oder rechtfertigen müssen – wenn wir wissen, daß wir wissen, und wenn niemand und nichts dieses Wissen erschüttern kann. Es ist die Erfüllung dessen, was uns Jesus dem *Johannesevangelium* zufolge (8, 32) verheißen hat: »[Ihr] werdet die Wahrheit erkennen, und die Wahrheit wird euch freimachen.«

Der eigentliche Sinn der biblischen Erzählung von Adam und Eva und dem Garten Eden – einer Erzählung, die wir in ähnlicher Form in vielen Kulturen der Welt finden – liegt, glaube ich, darin, daß der Mensch seine »Unschuld« verlor, als er sich vom »Paradies« des Geistes abwandte und sich entschloß, den Sinnen zu leben, oder – anders ausgedrückt – sein sinnliches Begehren über seine geistige Erkenntnis stellte.

Um uns von unseren Fesseln zu befreien, müssen wir *lernen, unsere Persönlichkeit, die dem Materiellen verhaftete Seite unseres Wesens, auf ihr Recht einzuschränken.* Das ist der Preis, den wir bezahlen müssen. Die Persönlichkeit ist ein Produkt der Umwelt, des sensorischen Systems, der körperlich-materiellen und rein intellektuellen Erfahrungen und Begierden. Sie stört, wenn sie sich dominierend geltend macht, unser Streben nach Selbsterkenntnis und, was dasselbe ist, nach Entfaltung der uns innewohnenden Kraft des Geistes.

Diese Beschränkung unserer Persönlichkeit fällt nicht leicht. Wir fühlen uns auch keineswegs plötzlich frei; vielmehr ist uns bisweilen zumute, als ob alles in uns zerbräche, als ob die ganze Welt zusammenstürzte. Sich von den Fesseln der Persönlichkeit zu befreien erfordert ein völliges Umdenken und zieht große Veränderungen in unserer Lebensweise nach sich.

Veränderungen – oder auch nur Perioden des Übergangs – bereiten dem Menschen immer große Schwierigkeiten, weil sie einen Verlust der vermeintlich erworbenen Sicherheit bedeuten, weil wir uns von dem Bekannten, dem uns Vertrauten lösen müssen und nicht wissen, was das »Neue«, die Zukunft, uns bringen wird. Die Veränderungen aber, die ein Mensch, der sich dem Geist öffnet, an sich erfährt, sind derart überwältigend, daß er Tage der Dunkelheit leicht durchstehen kann. Als Preis aller Mühen wird ihm die Erleuchtung durch das strahlende Licht des lebendigen Geistes zuteil.

PAULUS hat uns im *Brief an die Römer* (8, 2) verheißen: »Denn das Gesetz des Geistes, der in Christus Jesus lebendig macht, hat mich freigemacht von dem Gesetz der Sünde und des Todes.« Und in seinem *Brief an die Galater* (5, 1) sagt er: »Zur Freiheit hat uns Christus befreit! So steht nun fest und laßt euch nicht wieder unter das Joch der Knechtschaft zwingen!«

Nur der Mensch selbst kann sich der Freiheit berauben, die Gott ihm geschenkt hat. Der Mensch hat den freien Willen, entweder seine Freiheit anzunehmen oder die Knechtschaft zu wählen. Entdeckt er in sich die Kraft des Geistes, seiner Teilhabe am unendlichen göttlichen Geist, dann ist der Mensch frei.

10
Aufbauendes positives Denken und Kreativität: die Manifestation

Eine Herausforderung, die unser Leben entscheidend verändern kann, enthält der (schon von mir zitierte) Ausspruch des Apostels PAULUS in seinem *Brief an die Römer* (12, 2): »Und stellt euch nicht dieser Welt gleich, sondern ändert euch durch Erneuerung eures Sinnes, damit ihr prüfen könnt, was Gottes Wille ist, nämlich das Gute und Wohlgefällige und Vollkommene.«

Die Erkenntnisse der modernen Psychologie, klinische Untersuchungen von Ärzten und wissenschaftliche Forschungen auch anderer Wissenszweige haben die große Weisheit dieses Pauluswortes bestätigt. Wir finden immer mehr Beweise dafür, daß unsere Grundeinstellung gegenüber dem Leben und unserer Umwelt, unser *gewohnheitsmäßiges Denken und Glauben, unsere Vorstellungen und unsere Gefühle bestimmen, was wir sind.* Unsere Geistes- und Gefühlshaltung ist entscheidend, ob das, was uns begegnet, etwas Gutes oder etwas Nachteiliges ist. Sie ist bestimmend für die materiellen Lebensumstände sowie die körperliche, seelische und geistige Verfassung, in denen wir uns heute und morgen befinden.

LINCOLN BARNETT berichtet in seinem Buch *Einstein und das Universum* (1950) von einem Ausspruch Einsteins: »Das tiefste und erhabenste Gefühl, dessen wir fähig sind, ist das Erlebnis des Mystischen. Mystik ist die Lehre von den Weltgeheimnissen. Durch Versenkung wird das unmittelbare Gotterlebnis gesucht. Aus ihm allein keimt wahre Wissenschaft. Wem dieses Gefühl fremd ist, wer sich nicht mehr wundern und in Ehrfurcht verlieren kann, der ist seelisch bereits tot. Das Wissen darum, daß das Unerforschliche wirklich existiert und daß es sich als höchste Wahrheit und strahlendste Schönheit offenbart, von denen wir nur eine dumpfe Ahnung haben können – dieses Wissen und diese Ahnung sind der Kern aller Religion.«

Es wird immer offensichtlicher, daß der Mensch mehr Zeit im »Schauspielhaus seines Geistes« zubringen muß — dieser Formulierung bediente sich der Psychologe Dr. MAXWELL MALTZ in seinem Buch *Psychokybernetik* (1971) in Anspielung auf die große Bedeutung, die der intensiven Vorstellung des Guten als Impuls der Idee für die Verwirklichung unserer Ziele zukommt.

Wir wissen (ich möchte hier noch einmal darauf hinweisen) aus vielen Beobachtungen und Experimenten namhafter Psychologen, daß unser Gehirn und unser Nervensystem zwischen Erfahrungsinhalten lebhafter Vorstellung und denen erlebter Wirklichkeit nicht unterscheiden können. Wenn wir von der Idee besessen sind, daß wir Versager sind, daß wir keinen Erfolg haben können, weil wir so oft Niederlagen haben einstecken müssen oder weil wir nicht über die Fähigkeiten verfügen, die andere zum Erfolg geführt haben, dann werden wir tatsächlich versagen und keinen Erfolg haben. *Aufgrund einer solchen negativen Erwartungshaltung zerstören wir unsere Kreativität, berauben wir uns selbst jeder Chance.*

Wer von uns bezweifelt, daß sein Körper auf bekömmliche Nahrung, zweckmäßige Bekleidung oder jedenfalls einen Schutz vor den Unbilden der Witterung angewiesen ist, um überleben zu können? Wer ist sich nicht der Wichtigkeit ausreichender Nahrung und angemessener Lebensbedingungen für pflanzliches und tierisches Leben bewußt? Es sind dies ganz einfach notwendige Voraussetzungen für das Gedeihen und Überleben von Pflanze, Tier und Mensch, und niemand wird das bestreiten. Doch nur wenige Menschen *wissen, daß positives Denken sowohl für die körperliche als auch für die seelisch-geistige Gesundheit und für ein erfolgreiches, glückliches und erfülltes Leben ebenso unverzichtbar ist.* Es ist wissenschaftlich zweifelsfrei bewiesen, daß unser Denken tatsächlich einen entscheidenden Einfluß auch auf unser körperliches Wohlbefinden ausübt.

Angesichts dieser wissenschaftlich erwiesenen Tatsachen müssen wir uns fragen: Was für eine »Nahrung« führen wir unserem Körper, unserer Seele zu, wenn wir Gedanken und Gefühle der Feindseligkeit, des Hasses oder der Rache gegen andere hegen? Ist die Erkenntnis nicht erschreckend, daß unser Nervensystem auf die Darstellung von Gewalt, Brutalität und sexueller Ausschweifung in Film, Fernsehen und Literatur, die wir in unserer Phantasie »miterleben«, je nach dem Ausmaß unserer Identifizierung mehr oder weniger stark, aber grundsätzlich ebenso reagiert und unser Bewußtsein ebenso geprägt wird, wie wenn wir diese Erfahrungen in der Wirklichkeit machen würden?

Je stärker wir diese destruktiven Eindrücke empfinden – Haß, Rachsucht, Neid und Eifersucht sind besonders zerstörerisch –, um so stärker ist auch ihre schädigende Wirkung auf uns. *Um körperliche und geistige Gesundheit zu bewahren, müssen wir unsere Vorstellungskraft auf das Schöne und Gute richten, müssen wir uns in Gedanken und Gefühlen der Liebe und nicht des Hasses ergehen.*

Wenn wir uns in Gedanken selbst herabsetzen, wenn wir uns von Fehlern und Mißerfolgen der Vergangenheit leiten lassen, so kreieren wir selbst das Verhaltensmuster, das uns zum Versagen und Mißerfolg in der Zukunft prädestiniert. So etablieren wir ein höchst negatives Bild von uns selbst und verschleudern die Gaben, die Gott jedem einzelnen von uns geschenkt hat.

Wir messen unsere Leistung oft am Maßstab eines anderen und fühlen uns als Versager, wenn wir nicht den gleichen Erfolg erzielen wie der, den wir uns zum Vorbild gesetzt haben. Es ist schön und gut, andere zu bewundern und zu schätzen, aber wir sollten uns dessen bewußt sein, daß jemanden zu bewundern etwas anderes ist, als zu versuchen, so zu werden, wie er ist. Jeder Mensch hat seine eigenen Fähigkeiten, er muß seinem eigenen Weg folgen, jeder Mensch hat seinen eigenen Teil Talente und Bürden. Jeder von uns ist, wie JESUS so oft gesagt hat, einzigartig, und diese Einzigartigkeit ist geistiger Natur. Kein Mensch denkt wie ein anderer. Ich muß in diesem Zusammenhang immer an die Geschichte von dem sechsjährigen Jungen denken, den ein Verwandter fragte, was er werden wolle. Der Junge antwortete: »Ich will ich selbst sein. Ich habe schon so viele andere werden wollen, aber es hat nie geklappt.« Eine erstaunlich weise Antwort für ein Kind!

Wer sich selbst durch sein Denken – oder, was noch schlimmer ist, einem anderen – die Idee zu versagen einimpft, der fügt der Gesundheit, der eigenen oder der des anderen, Schaden zu. Zahlreiche unter wissenschaftlichen Bedingungen durchgeführte Experimente haben *demonstriert, daß ein Mensch, dem man wiederholt vorwirft, ein Versager zu*

*sein, oder der sich selbst für einen Versager hält, geradezu
einen Automatismus des Versagens entwickelt.*

Der Psychologe Dr. ALFRED A. MESSER berichtete über
eine interessante Verhaltensstudie bei Schulkindern: »Zu Be-
ginn eines Schuljahrs wurde den Lehrern mitgeteilt, daß sie
ein Ansteigen des IQ [Intelligenzquotienten] bei bestimmten
Schülern erwarten könnten. [Den Lehrern wurden fiktive
Testergebnisse angegeben.] Als die willkürlich ausgewählten
Kinder am Ende des Schuljahres getestet wurden, zeigten sie
tatsächlich eine IQ-Verbesserung!

*Eine positive Einstellung des Lehrers kann das Kind gün-
stig, eine negative ungünstig beeinflussen;* er kann sogar unab-
sichtlich seine negative Erwartungshaltung auf das Kind
übertragen. Schon bald wird sich in dem Kind die Meinung
festsetzen, daß es mit den anderen nicht Schritt halten könne
oder daß ihm bestimmt sei, ›durchzufallen‹. Diese Art von
Erwartung kann jedes beliebige Schulkind hegen. Von einem
Kind, das wegen emotionaler Störungen in psychiatrischer
Behandlung war, wird oft ›erwartet‹, daß es Ärger verursacht. Immer wenn es eine Ruhestörung im Klassenzimmer
gibt, schaut der Lehrer automatisch in seine Richtung. Das
Kind, das spürt, daß man von ihm Ärger erwartet, kann so
lernen, die Erwartung seines Lehrers zu erfüllen.«

Dr. WILLIAM PARKER vertritt ebenso wie andere hervorra-
gende Psychologen die *Ansicht, daß das Problem des Stot-
terns bei Kindern gewöhnlich eine Folge elterlicher »Denksprit-
zen« ist* (außer in Fällen definitiver physiologischer Krankheit). Eltern, die ihr Kind stolpern sehen, wenn es zu gehen
beginnt, halten ihrem Kind nicht vor, ein Stolperer zu sein.
Aber die Eltern sind entsetzt, wenn ihr Kind unfähig ist, die
richtigen Worte zu finden, um einen Gedanken auszudrük-
ken. Wenn sie ihm nun vorwerfen, es stottere, ist die Saat ge-

legt: das Kind identifiziert sich in Gedanken als Stotterer. Schließlich glaubt es ja, was seine Eltern ihm sagen, und es wünscht, ihnen zu gefallen; die Suggestion der Eltern hat das Kind zum Stotterer gemacht.

Um dieses Probelm zu lösen, muß man das Kind dazu bringen, anders von sich zu denken; es muß lernen, sich nicht selbst als Stotterer zu sehen. Es muß das Bild von sich selbst auslöschen, das ihm eingepflanzt worden ist. Vielleicht ist es gar nicht so merkwürdig, daß stotternde Kinder oft überdurchschnittlich intelligent sind. Sie verfügen über einen größeren Wortschatz, um ihre Gedanken auszudrücken, aber gerade das macht es ihnen oft schwer, sofort das richtige Wort für das zu finden, was sie ausdrücken wollen.

Dr. Joshua Lederberg berichtete über neuere Laborversuche der experimentellen Psychologie wie folgt: »Diese Versuche mit Versuchstieren haben erneut die Aufmerksamkeit auf die wechselseitige Beziehung zwischen dem körperlichen Befinden und emotionellen Störungen als einem zentralen Faktor geistiger Gesundheit gelenkt. Die Ärzteschaft und die interessierten Laien haben heute ein angemessenes Verständnis für psychosomatische Erkrankungen: emotionelle Unausgeglichenheit kann in erheblichem Maße körperliche Funktionen beeinträchtigen und selbst ein so schweres pathologisches Symptom wie ein blutendes Magengeschwür verursachen.«

Was verursacht emotionelle Störungen? Was stört unser Gefühlsleben? Wahrscheinlich ist es irgend etwas in unserer Umgebung, vielleicht auch unser Körper, oder es ist unser Denken selbst. Negatives Denken hat destruktive Gefühle zur Folge. Dazu gehört auch das Gefühl des Mangels an Liebe. Unser Geist oder unser Körper sind nicht gesund oder aber auch unser Geist *und* unser Körper. Wir haben unserem Körper nicht die richtige »geistige Nahrung« gegeben.

Was es mit der richtigen Nahrung für Geist und Körper auf sich hat, können wir vielleicht besser verstehen, wenn wir uns an das Wort des PAULUS, daß da »ein Gott und Vater aller über allen und durch alle und in allen ist« (Epheser 4, 6). Geistiger Art ist jede Form der Energie, die der Atome der Materie, aber auch die unserer Gedanken und Gefühle. Die Wissenschaft hat uns genügend Beweise für die ungeheure Kraft der Energie gegeben (der Laserstrahl ist ein solches Beispiel). So verstehen wir, daß die Inhalte unseres Denkens ein wichtiger Faktor unserer Gesundheit sind. Negative Gedanken schaffen negative Bedingungen; *Gedanken der Liebe, der Schönheit und Wahrheit schaffen gesunde Bedingungen für Geist und Körper.*

Jeder von uns hat seine besonderen Fähigkeiten und Gaben (auch seine besonderen Beschränkungen), aber uns allen wurde die Gabe der Selbstverwirklichung verliehen. In seinem *Ersten Brief an die Korinther* (12, 5–7) schreibt PAULUS: »Und es gibt verschiedene Dienste; aber es ist ein Herr. Und es gibt verschiedene Kräfte; aber es ist ein Gott, der alles in allen wirkt. Jedem einzelnen wird die Offenbarung des Geistes gegeben zum Nutzen aller.«

Die Lehren JESU lassen keinen Zweifel offen, daß wir, um ein gesundes und erfülltes Leben führen zu können, unser Denken an den Ideen der Gesundheit, der Liebe und der Toleranz orientieren müssen. Die Wissenschaft bestätigt, was uns die Schriften der großen Religionen lehren.

Die meisten Menschen verwenden viel Zeit auf ein vergebliches Bemühen, sich mit den Problemen und Konflikten des Weltgeschehens auseinanderzusetzen, und ereifern sich oft wegen Problemen, über die sie keinerlei Kontrolle haben. Wir schlagen die Zeitung auf oder schalten eine Nachrichtensendung ein, und wir sind mit dem Chaos und dem Elend der Welt konfrontiert. Es geschieht aber, auch wenn darüber nichts berichtet wird, auch viel Wunderbares auf dieser Erde. Auf jeden Aufruhr, auf jeden Mord, auf jede Feindseligkeit kommen Millionen guter Werke, Millionen Zeugnisse der Liebe; ja Millionen ehrenhafte und hingebungsvolle Menschen guten Willens setzen sich dafür ein, dem Guten in ihrer und unserer Welt zur Geltung zu verhelfen. Das sollten wir stets gegenwärtig haben.

Wenn wir glückliche, liebende und geistig erleuchtete Menschen sein wollen, müssen wir unser Denken nach dementsprechenden geistigen Prinzipien ausrichten. Wenn wir das tun, wird unser ganzes Wesen verwandelt werden. Diese Idee entspricht den Feststellungen der Psychologie: Die einzige Bedeutung, die etwas hat, ist die Bedeutung, die wir ihm aufgrund unserer Einstellung geben.

Diese unsere persönliche Einstellung legt für uns fest, ob etwas schön oder häßlich, gut oder verwerflich, angenehm oder unangenehm, wichtig oder unwichtig ist. Wenn wir unsere Einstellung zum Leben überprüfen, werden wir unsere negativen Haltungen hauptsächlich darauf zurückführen müssen, daß wir auf das Materielle fixiert sind und unser geistiges Wesen weitgehend ignorieren. Wir haben uns abhängig gemacht von Sensationen, von Krankheiten, Geldsorgen, Berufsärger und so weiter. Besinnen wir uns auf unsere Fähigkeit, das Schöne in der Welt, in allen Menschen und in *uns selbst zu sehen!*

CHARLES LINDBERGH hat in dem berühmt gewordenen Brief an die Leser des Magazins *Life* vom siebten Juli 1969 erklärt (ich zitiere ihn hier auszugsweise):

»Ich glaube, daß der Eintritt in diese Ära [das Zeitalter der Raumfahrt] besser bewerkstelligt wird, wenn wir unsere wissenschaftlichen Bemühungen nicht auf die Entwicklung mechanischer Raumfahrzeuge konzentrieren, sondern auf das Wesen des Lebens selbst: die unendlichen und unendlich sich entwickelnden Lebensformen, die in Bewußtsein, Geist und Wesen des Menschen ihre Vollendung finden sollen. Diese Forschung ist, glaube ich, notwendig für das Überleben der Menschheit.« Weiter heißt es: »Aufgrund der Entwicklung seines Bewußtseins und der Bewußtheit seiner geistigen Kräfte kann der Mensch in dem Wunderbaren aufgehen, dem wir keinen besseren Namen geben können als ›Gott‹. Und für dieses Aufgehen in Gott, das unsere Intuition schon lange erahnt hat, das aber unsere Vernunft nur vage erkennt, könnte vielleicht eine solche Bewußtwerdung eine notwendige Voraussetzung sein.

Werden wir dann erkennen, daß das Leben nur eine, wenn auch eine wesentliche Etappe in der kosmischen Evolution ist, die unser sich erweiterndes Bewußtsein zu erkennen beginnt? Werden wir erkennen, daß wir ohne Raumschiffe zu den Galaxien vordringen können, daß wir ohne Zyklotrone das Innere der Atome kennenlernen können? Um über die phantastischen Leistungen dieses phantastischen Zeitalters der Physik hinauszukommen, muß sich die sinnliche Wahrnehmung mit der außersinnlichen Wahrnehmung verbinden, und ich vermute, daß beide nur verschiedene Facetten sind. Ich glaube, daß wir, indem wir das begreifen und darauf unser Denken ausrichten, die großen Abenteuer der Zukunft vorbereiten.«

Charles Lindbergh, einer der großen Forscher und Wissenschaftler unserer Zeit, hat erkannt, daß die innere Welt des Geistes viel faszinierender und erleuchtender ist als die äußere Welt selbst des Weltraums. Sollte uns das nicht zu denken geben?

Ich möchte nun in einigen Leitsätzen die *Grundsätze einer positiven Geisteshaltung* zusammenfassen.

1. *Angesichts eines privaten oder beruflichen Vorhabens ist für den Erfolg unsere von Anfang an bezogene Erwartungshaltung entscheidend.*

   Wenn wir an eine Aufgabe mit einem Gefühl der Angst oder des Zweifels herangehen, so wird die Aufgabe schwer oder überhaupt nicht zu bewältigen sein. Bedenken Sie immer, daß Ihre Einstellung entscheidet, ob Sie beispielsweise beruflich Erfolg haben oder nicht. Nicht der Beruf schafft die Probleme, und er liefert Ihnen auch keine Lösungen.

2. *Unsere Einstellung zum Leben ist es, die bestimmend ist, was aus unserem Leben wird.* Das Leben hat für uns keinen anderen Sinn als den, den wir ihm geben. Wenn wir es negativ sehen, werden wir Negatives gewärtigen müssen. Wenn wir unser Leben im Geiste der Zuversicht, der Liebe und Toleranz gestalten, wird uns das reich vergolten werden. Sie sollten sich die goldene Regel zur Richtschnur machen: »Alles nun, was ihr wollt, das euch die Leute tun sollen, das tut ihnen auch! Denn das ist das ganze Gesetz und die Propheten« (Matthäus 7, 12).

3. *Sie sollten versuchen, ein Gefühl der Zuversicht, Lebensfreude und Sympathie auszustrahlen. Ihre Ausstrahlung wird von den Mitmenschen empfangen und zurückgestrahlt.* Sie werden Ihnen Vertrauen entgegenbringen und keine Hemmungen haben, Ihnen ihre Zuneigung oder Liebe offen zu zeigen. Das wiederum wird Sie in Ihrer Liebe und Ihrem Verständnis bestärken. Jeder wird ungeduldig mit einem Menschen, der sich ständig beklagt, der ständig deprimiert ist und sich Sorgen macht. Statt Verständnis empfängt ein solcher Mensch

Mitleid, und Mitleid ist genau das Gegenteil von dem, was zum Aufbau eines geistig gesunden Menschen benötigt wird.

4. *Unser Denken und Sprechen, unser Handeln und Fühlen sollen von Selbstvertrauen – nicht von Arroganz – getragen sein,* von der Zuversicht, daß jeder Mensch ein Geschöpf Gottes ist und seine Bestimmung hat. Es ist gut, wenn wir uns große Menschen zu Vorbildern nehmen und sie bewundern, doch wir müssen uns immer darüber klar sein, daß auch sie einzigartig sind, daß sie nicht wie wir und wir nicht wie sie sein können. Allzuoft stellen wir jemanden, den wir bewundern, gleichsam auf ein Podest. Die Probleme, die auch dieser Mensch hat, können wir nicht sehen und auch nicht die Hindernisse, die er hat überwinden müssen, um dorthin zu kommen, wo er jetzt ist. Solche Bewunderung kann dazu führen, daß wir nur noch unsere Grenzen sehen, nur noch unsere Schwächen, unsere Fehlschläge, und wir fühlen uns als die »Minderbemittelten«. *So nehmen wir die Gewohnheit an, uns als Versager zu sehen,* und mit diesem negativen Selbstbild verderben wir uns unsere Chancen für die Zukunft. Das Heilmittel ist Selbstvertrauen!

5. *Die Menschen verhalten sich uns gegenüber so, wie wir uns ihnen gegenüber verhalten.* Wenn wir eine Haltung der Unterwürfigkeit oder der Überlegenheit, der Zuneigung oder der Ablehnung einnehmen, wird diese Haltung von den anderen Menschen entsprechend erwidert. Erinnern Sie sich an die von der goldenen Regel abgeleitete Volksweisheit: »Was du nicht willst, das man dir tu', das füg' auch keinem andern zu.« Die Menschen sind voneinander abhängig; und Sie müssen die andern zufrieden machen, wenn Sie selbst zufrieden sein wollen.

6. Wenn unsere Haltung von Abneigung, Furcht, Widerwillen oder Zweifeln bestimmt ist, können wir nicht erfolgreich sein. *Wir müssen unser Denken freudig und mit Selbstvertrauen auf ein Ziel ausrichten und unser Bestes tun, um es zu erreichen.* Versagen ist immer auf den Mangel an Vertrauen in unsere einzigartigen Fähigkeiten zurückzuführen, Fähigkeiten, die uns Gott verliehen hat.

7. *Geschwätz und Klatsch sind immer destruktiv.* Wir alle wissen, daß Klatsch niemals harmlos, vielmehr voll Boshaftigkeit ist, die meist aus Selbstzweifeln resultiert. Wenn Sie ein positives Bild von sich selbst haben, wenn Sie Vertrauen in Ihre Fähigkeiten und Ihre Arbeit haben, wenn Sie sich nicht davor fürchten oder sich darum sorgen, was andere über Sie denken, besteht kein Grund für negatives Verhalten.

8. *Wir sollten anderen Menschen mit unseren Problemen nicht zur Last fallen.* Wenn wir mit unseren Schwierigkeiten hausieren gehen, verstärken wir sie nur: wir verwurzeln sie nur noch fester in unserem Bewußtsein. Das hat dieselbe Wirkung wie eine intensive negative Vorstellung, die ein Problem erst in unsere Wirklichkeit rückt.

9. *Man sollte über seine Gesundheit nur sprechen, wenn man völlig gesund ist* – und dann nicht mit prahlerischer Überheblichkeit, vielmehr in Demut und Dankbarkeit. Psychologen und Ärzte kennen aus Erfahrung die Schäden, die durch die ständige Beschäftigung mit gesundheitlichen Problemen entstehen. *Die überwiegende Mehrheit aller Krankheiten ist psychosomatischer Natur* und durch emotionelle Störungen ausgelöst, die wiederum ihren Ursprung in einer negativen geistigen Grundeinstellung haben. Wenn Sie leichtes Kopfweh oder ein anderes leichtes Unwohlsein verspüren und ständig vor

Ihrer Familie und Ihren Freunden jammern und klagen,
werden Sie das Übel und den Schmerz nur verschlim-
mern. Das ist ein Teufelskreis: Je mehr Sie klagen, desto
schlimmer wird Ihre Krankheit, und je schlimmer die
Krankheit wird, desto mehr Grund werden Sie haben, zu
jammern und zu klagen. Wenn Sie glauben, daß Sie ärztliche Hilfe brauchen, dann gehen Sie zum Arzt, aber fallen Sie nicht anderen auf die Nerven, die Ihnen doch
nicht helfen können. Ihre negative Haltung macht Sie
erst richtig krank! Dasselbe gilt für Ihr Verhalten gegenüber einem anderen Menschen, der krank ist oder krank
aussieht. Sagen Sie ihm nicht, wie leid er Ihnen tut, und
erzählen Sie ihm nicht, daß er krank und elend aussieht!
Dies ist einer der Fälle, in denen eine kleine Notlüge
ihre Berechtigung hat. Am besten ist es, sich überhaupt
nicht über seinen Zustand zu äußern.

10. *Wir müssen die oft tief verwurzelten Ursachen unserer negativen Verhaltensweisen aufdecken, wenn wir uns von
ihnen befreien wollen.* Wenn wir zum Beispiel in eine
üble Situation geraten, mit einem scheinbar unlösbaren
Problem konfrontiert werden, einem Menschen begegnen, der uns zuwider ist, oder auch etwas in uns selbst
entdecken, das uns Sorge macht, dann müssen wir überlegen, ob wir nicht von einem anderen Standpunkt aus,
mit einer positiven Einstellung, einen Weg finden können, die Schwierigkeiten zu überwinden. WILL ROGERS,
der bekannte Karikaturist, hat einmal gesagt, er sei nie
einem Menschen begegnet, den er nicht leiden mochte.
Das sagt uns nicht viel über die Menschen, denen er begegnet ist, aber es sagt uns sehr viel über ihn, Will Rogers. Er machte es sich zum Prinzip, in jedem Menschen
etwas Gutes zu sehen. Er trat allen Menschen mit dem

Bewußtsein gegenüber, daß es in jedem Menschen etwas Liebenswertes gibt. Wieviel vernünftiger ist diese Einstellung als die Haltung, die so viele von uns – oft unbewußt – einnehmen. Wir finden irgend etwas im Aussehen des anderen oder an seinem Verhalten, das wir nicht mögen, und schon ist uns der ganze Mensch unsympathisch. *Ändern Sie Ihre eigene Haltung und versuchen Sie, es sich zur Gewohnheit zu machen, etwas Gutes in jedem Menschen zu entdecken.* Es dürfte nicht schwer sein; denn in jedem Menschen gibt es etwas Liebenswertes.

Mit diesen Ausführungen habe ich versucht, Ihnen die Idee zu vermitteln, daß wir selbst uns das Bild schaffen, das wir von der Welt, von uns selbst und von unseren Mitmenschen haben. Wir schaffen uns dieses Bild aufgrund unserer Geistes- und Gefühlshaltung. *Wir erschaffen uns so, wie wir sind, buchstäblich selbst!*

Wenn wir eine positive Haltung gegenüber uns selbst, unserer Einzigartigkeit, unserer Fähigkeit zu geistigem Wachstum haben und uns zutrauen, die Aufgaben zu erfüllen, die Gott uns zugewiesen hat, wenn wir uns selbst schätzen, dann »ziehen wir den neuen Menschen an«, der fähig ist, den lebendigen Geist in dieser Welt zu verwirklichen, der »nach dem Bilde Gottes geschaffen ist in wahrer Gerechtigkeit und Heiligkeit« (Epheser 4, 24).

Die Kraft unseres aufbauenden positiven Denkens und unsere Kreativität haben ihre Grenzen nur in unserer inneren Einstellung; die Grenzen werden aufgehoben durch unsere Gewißheit von der göttlichen Natur des Geistes.

11
Glücklichsein: das Ergebnis
einer bewußt getroffenen Wahl

ABRAHAM LINCOLN hat einmal gesagt, die Menschen seien immer so glücklich, wie sie entschlossen sind, es zu sein. Mit diesem Ausspruch definiert er Glücklichsein als eine Geistes- und Gefühlshaltung. Es entsteht aus dem Gefühl der Freiheit und des Selbstvertrauens, einem Gefühl der Liebe für unsere Mitmenschen und für unsere Umwelt und aus der freudigen Bereitschaft, in allem das Gute zu sehen. Glück ist etwas, das in unserem Herzen ist; wir erfahren es, wenn wir uns des Guten bewußt werden, das in der ganzen Schöpfung, in allen Menschen, in uns selbst ist. *Glücklichsein ist ein Zustand unseres Geistes, ein Zustand innerer Harmonie und Freude.*

Eines der schönsten Zeugnisse über das, was Begeisterung, Freude, Glück ist, finden wir im *Alten Testament* (Jesaja 55, 6–12):

»Suchet den Herrn, solange er zu finden ist;
rufet ihn an, solange er nahe ist.
Der Gottlose lasse von seinem Wege
und der Übeltäter von seinen Gedanken
und bekehre sich zum Herrn,
so wird er sich seiner erbarmen,

und zu unserem Gott, denn
bei ihm ist viel Vergebung. Denn
meine Gedanken sind nicht eure Gedanken,
und eure Wege sind nicht meine Wege,
spricht der Herr,
sondern so viel der Himmel höher ist
als die Erde,
so sind auch meine Wege höher
als eure Wege und meine Gedanken
als eure Gedanken.
Denn gleichwie Regen und Schnee
vom Himmel fällt und nicht wieder
dahin zurückkehrt, sondern
feuchtet die Erde und macht sie fruchtbar
und läßt wachsen, daß sie gibt Samen, zu säen,
und Brot, zu essen,
so soll das Wort, das aus meinem Munde geht,
auch sein: Es wird nicht wieder leer
zu mir zurückkommen, sondern wird tun,
was mir gefällt,
und ihm wird gelingen, wozu ich es sende.
Denn ihr sollt in Freuden ausziehen
und im Frieden geleitet werden.
Berge und Hügel sollen vor euch her frohlocken
mit Jauchzen und alle Bäume auf dem Felde
in die Hände klatschen.

JESAJA verheißt uns in diesen wunderbaren Versen, daß wir
Freude und Glück finden, wenn wir nach Wahrheit trachten,
wenn wir auf das Unbegreifliche vertrauen, wenn wir uns bewußt werden, daß Gottes Güte immer da ist und uns umgibt.

Wer sich mit dem Studium der Weltreligionen befaßt,
stellt immer wieder überrascht fest, wieviel Übereinstimmen-

des es im Grundsätzlichen aller Glaubenslehren gibt – zum Beispiel das Gebot der Liebe, die Notwendigkeit der Selbstverwirklichung und Selbstachtung, die Aufforderung, die Wahrheit des fundamentalen Gesetzes vom Säen und Ernten zu erkennen. Auffallen aber muß ein sehr wichtiger und grundlegender Unterschied zwischen dem Christentum und den meisten fernöstlichen Religionen.

In der christlichen Lehre wird mit großem Nachdruck auf die Bedeutung von Freude und Begeisterung hingewiesen und betont, daß Leiderfahrung, also Unglücklichsein, durch ein Leben in der Wahrheit abgewendet werden kann. Von manchen Religionen des Fernen Ostens wird Leiderfahrung als geradezu notwendige Voraussetzung angesehen, um zur Erleuchtung durch göttliche Weisheit oder zur Erkenntnis der Wahrheit zu gelangen.

Aufgrund der Lehre – der Verheißung – JESU, daß Freude und Glück uns helfen, zur Erkenntnis der Wahrheit zu finden, ist, glaube ich, das Christentum den meisten anderen Religionen überlegen. Ich will damit keineswegs etwas Abwertendes über andere Religionen sagen; jede der großen Weltreligionen bietet eine Fülle fundamentaler Wahrheiten. Jesus aber hat die Menschen gelehrt, wie sie sich von ihrem Leiden befreien können, wogegen die anderen Religionen das Leiden als *den* Weg zu geistiger Erkenntnis, zu Glück und Vollkommenheit lehren.

Im Laufe der Geschichte des Christentums – der Geschichte aller Bekenntnisse, aller Kirchen – wurde jedoch nicht selten Glücklichsein als etwas Böses angesehen. Oft wurden diejenigen, die Freude als Element christlicher Lebensauffassung bejahten, als unmoralisch verketzert. Wie selten sehen wir übrigens in unseren Kirchen Menschen lächeln oder gar lachen! Es gibt noch heute in den USA in Kraft ste-

hende staatliche Gesetze, die Lachen und Fröhlichkeit am
Sonntag verbieten, wenn diese Gesetze glücklicherweise
auch nicht mehr angewendet werden! Solche Gesetze gehen
vor allem auf die Initiative puritanischer Kirchengruppen
zurück. Wir finden in dem Schrifttum fast aller christlichen
Sekten ein tiefes Mißtrauen gegenüber den menschlichen Lebensäußerungen von Freude und Glück, die mit ihren Mo-
ralbegriffen unvereinbar zu sein scheinen. Wie absurd ist
doch für Christen eine solche Auffassung!

Glücklichsein ist moralisch wertfrei. Es ist ein Zustand, der
weder moralisch noch unmoralisch ist. Glücklichsein ist ein
Geisteszustand, der, wie ich glaube, am besten durch eine
Haltung liebenden Verstehens und durch ein Leben in geistiger Wahrheit erreicht werden kann, durch das Bemühen, die
große läuternde Gotteskraft, den unendlichen Geist, in uns
wirksam werden zu lassen. Glück ist ein uns von Gott verlie-
henes Recht, aber wir müssen diesem Recht selbst Geltung
verschaffen. Wenn wir eine Gabe nicht annehmen oder von
einem Recht nicht Gebrauch machen, dann ist es ja so, als
ob sie nicht existierten!

Erinnern wir uns: »... die Freude am Herrn ist eure
Stärke« (Nehemia 8, 10). Wenn wir in der Freude am Herrn
unsere Stärke finden, gewinnen wir dann nicht auch Freude
an uns? Sorgen, Einsamkeit, Niedergeschlagenheit, Verzweiflung können wir aus unserem Leben verbannen, wenn
wir bereit sind *anzuerkennen, daß die Freude am Herrn auch
unsere Freude und unsere Stärke ist.* Das setzt allerdings voraus, daß wir einen festen und unerschütterlichen Glauben an
die Allmacht, die Liebe und die Güte des unendlichen Geistes haben, der alles Leben erschaffen hat. Werden wir endlich überzeugte, tatkräftige Verfechter der Lehren Jesu!

Ralph Waldo Emerson hat einmal gesagt, daß ein

Mensch nicht glücklich und stark sein kann, wenn er mit der Natur nicht im Einklang lebt und sich nicht ihrem Rhythmus anpaßt. Emerson betont also, daß wir im »Jetzt« leben und unser Glück nicht in der Zukunft suchen sollen. Wir müssen lernen, die Schönheit und die Freude in der Natur zu erkennen, in der ganzen Natur, in der ganzen Schöpfung. Wir sollten unsere Umwelt bejahen, das Positive, das Gute in ihr sehen und nicht das Negative.

Glück wird uns nur von innen heraus zuteil, und wir können es nur erfahren, wenn wir in allem das Gute und Schöne sehen. Wir sollen es aber auch erfahren. »Ich weiß und bin gewiß in dem Herrn Jesus, daß nichts an sich unrein ist; nur für den, der es für unrein hält, ist es unrein« (Römer 14, 14). Wenn wir unser Denken nur auf das Unheil richten, das in der Welt geschieht, am Unrecht anklammern, das man uns angetan hat, an den Kränkungen, die wir in unserem Leben erfahren haben, und den materiellen Gütern widmen, die wir nicht besitzen, dann können wir natürlich nicht glücklich sein. Wir erschaffen durch unser Denken »Unreines«. Natürlich verlieren wir so unsere Freude am Leben, wir fühlen uns benachteiligt, »betrogen«. Wenn wir uns dafür entscheiden, das Schöne zu sehen, das in allem, was ist und lebt, ist, das Gute in der Schöpfung und vor allem auch in uns selbst, dann finden wir Freude und Glück.

Wenn wir allerdings das Glück von der Zukunft erwarten, sind wir nicht im Einklang mit uns. Wir vermögen offenbar nicht, freudig die Schönheit und das Gute in dem zu sehen, was wir jetzt erfahren. Das heißt: Wir entwickeln eine Tendenz, uns auf die Hindernisse zu fixieren, die unserem zukünftigen Glück im Wege stehen. Nach dem obenzitierten Wort des Propheten NEHEMIA ist »die Freude am Herrn unsere Stärke«. Gott, der unendliche vollkommene Geist, hat uns die Fähigkeit zur Freude und zum Glücklichsein verliehen, indem wir Geist von seinem Geiste sind.

Begreifen Sie, daß das Warten auf das Glück eine unrealistische Haltung ist. Glück ist nicht die Folge irgendeines Ereignisses. *Glück erfahren Sie, indem Sie bereit sind, Ihren Geist und Ihr Herz der Schönheit und der Freude zu öffnen – und das heißt, daß Glück immer nur in der Gegenwart zu finden ist.* Die Bewältigung schwieriger Probleme oder Situationen bedeutet nicht Glück. Wäre das so, könnten wir nie glücklich sein, denn Probleme und Schwierigkeiten gibt es immer wieder. Sicher, wir können uns über ein bestimmtes Ereignis freuen, wir sind glücklich, wenn wir einen geliebten Menschen wiedersehen, wenn wir etwas Schönes erleben oder wenn wir uns einen lange gehegten Wunsch endlich erfüllen können; doch das sind Freuden dieses oder jenes Augenblicks in unserem Leben, und sie verhelfen uns nicht zu einem Zustand echten Glücklichseins.

Ein anderes Mißverständnis liegt vor, wenn wir unser Glück vom Erfolg erwarten. *In Wirklichkeit ist Erfolg ein Produkt unseres Glücklichseins, nicht umgekehrt!* Wir werden erfolgreich, wenn wir glücklich sind. Erfolg hat zweifellos noch keinen Glücklichen gemacht. Wenn die Bemühungen eines Menschen, gleich welcher Art, von Erfolg gekrönt sind, so hat er sich eher im Zuge der Arbeit an seiner Aufgabe glücklich gefühlt. Fast alle großen Künstler, Schriftsteller, Musiker, Forscher, Erfinder bezeugten, daß sie bei ihrer kreativen Tätigkeit glücklich waren, und für die meisten heißt das: lange ehe sie Erfolg hatten. Das Streben nach einem Ziel, die Freude an der Verwirklichung einer Idee, die Kreativität, die sie befähigte, etwas zu schaffen, das machte ihr Glück aus.

Aus Biographien und Memoiren großer schöpferischer

Menschen wissen wir, mit wie vielen Alltagsproblemen, finanziellen Schwierigkeiten, Intrigen und Rückschlägen sie zu kämpfen hatten, während sie an ihren Werken arbeiteten. Wenn sie trotzdem, wie sie bezeugten, glücklich gewesen sind, so hat das seinen Grund darin, daß sie an etwas arbeiteten, für das sie sich begeisterten. *Sie sahen die Schönheit und das Gute jetzt, in ihrer Gegenwart, sie erwarteten es nicht von der Zukunft.*

Glücklichsein ist also etwas, das Sie aus Ihrer eigenen Kraft in Ihrem Leben verwirklichen können, und zwar nur Sie selbst. Voraussetzung ist, daß Sie in der Gegenwart leben – das Gute und das Schöne jetzt sehen – und daß Sie ein sinnvolles Ziel haben, ein konkretes, erstrebenswertes Ziel, das Ihrem Leben Sinn gibt. Ein solches Ziel ist zweifellos das Streben nach geistiger Erkenntnis, die Suche nach der Wahrheit, die Erweckung des unendlichen Geistes, der Ihnen wie jedem Menschen innewohnt.

Die Großen, die das »Gesicht« ihrer Zeit prägen, sind regelmäßig Menschen, die ein sinnvolles Ziel mit Selbstvertrauen und freudiger Zuversicht verfolgen. Sie finden ihre Stärke »in der Freude am Herrn« und in dem Glück, das ihnen aus dieser Freude erwächst. Erschütternd ist freilich die Tatsache, wie viele erfolgreiche Menschen – erfolgreich in materieller Hinsicht – sehr unglücklich geworden sind, *nachdem* sie Erfolg und Ruhm errungen hatten. Man hört und liest immer wieder von Filmstars, die auf der Höhe ihres Ruhms körperlich und seelisch-geistig zusammenbrechen; man liest von berühmten Schriftstellern und Künstlern, die der Erfolg zu zynischen Menschenverächtern gemacht hat. Warum konnten sie nicht glücklich werden? Wer in materiellem Erfolg dem Glück nachjagt, muß scheitern, weil das Glück nicht in seinem Innern ist, weil er nicht von Freude und Begeisterung beseelt ist, weil er kein sinnvolles Ziel hat und die Schönheit und das Gute in der Gegenwart nicht zu erkennen vermag.

Wir alle kennen die Freude und das Glück, die ein Kind seinen geringsten Entdeckungen abgewinnt: ein Kieselstein, eine Muschel, ein Gänseblümchen können für ein Kind begeisternde Offenbarungen sein. Es sieht die Schönheit in Dingen, die für unsere verbildeten Augen schon gar nicht mehr existieren. Wir müssen wieder zu den Quellen unserer Kraft zurückkehren – die die Quellen unseres Glücks sind –, wir müssen die Schönheit neuentdecken in allem, was ist und lebt. Wir müssen uns bewußt werden, uns darüber freuen, daß wir die gottgegebene Fähigkeit haben, darüber, ob wir glücklich oder unglücklich sein wollen, selbst zu entscheiden. *Wir haben die Wahl, weil wir einen freien Willen haben!*

Nun, das klingt so einfach, ich weiß. Und es sieht, könnten Sie sagen, alles ganz anders aus, wenn ich in meinem Alltagsleben mit all meinen vielen Problemen, dem ständigen Streß, den Spannungen und Eifersüchteleien, mit Neid und Mißgunst konfrontiert bin und dennoch glücklich sein möchte. Es hilft uns allen aber wirklich, wenn wir uns bewußt werden, daß unsere Einstellung zum Leben und die Ausrichtung unseres Denkens auf das Schöne und Gute unserer Gegenwart die *einzig maßgebenden Faktoren sind, die darüber entscheiden, ob wir glücklich oder unglücklich sind.* Negatives Denken nimmt uns die Freude am Leben. Positives Denken macht uns fröhlich und zufrieden. Das hat auch seinen durchaus praktischen Wert. Unsere Probleme, Streß, Neid und Eifersucht werden nicht über Nacht verschwinden, aber in einer ausgeglichenen Gemütsverfassung sehen wir die Dinge gelassener und können leichter mit unseren

Schwierigkeiten fertig werden. Unzufriedenheit und Niedergeschlagenheit haben auch in materieller Hinsicht eine sehr ungünstige Auswirkung, denn sie vermindern erheblich unsere Leistungsfähigkeit. Eine glückliche Grundhaltung ist, wie Psychologen, Ärzte und Theologen übereinstimmend bestätigen, ein geradezu ausschlaggebender Faktor für die Bewältigung unserer Probleme und Schwierigkeiten.

Der aus dem Zweiten Weltkrieg bekannte amerikanische General DOUGLAS MACARTHUR hatte in seinen späteren Jahren auf seinem Schreibtisch eine kleine Tafel mit dem Spruch stehen: »Jugend ist kein Lebensalter, sie ist ein Geisteszustand. Du bist so jung wie dein Glaube, so alt wie dein Zweifel; so jung wie dein Selbstvertrauen, so alt wie deine Furcht; so jung wie deine Hoffnung, so alt wie deine Verzweiflung.«

Das läßt sich sinngemäß auch vom Glück sagen (und allem anderen, das wir erstreben). Auch Glücklichsein ist ein Geisteszustand, der von unserem Glauben, unserem Selbstvertrauen, kurz: von unserer Einstellung abhängt, dann aber auch noch von der Begeisterung und Freude, die ja Attribute der Jugend, ihr aber nicht vorbehalten sind. Und dann *»vergeßt die Liebe nicht«! Ihr Licht scheint uns in der Finsternis, wir müssen es nur begreifen!*

12
Die Stille: die Wohnstätte des lebendigen Geistes

Vielleicht werden einige Leserinnen, einige Leser sich fragen: Was aber bedeutet das nun ganz konkret: Den Geist, der in uns ist, lebendig machen? Fast alle jungen Menschen, mit denen ich diskutiere, fragen: Was bedeutet das, wir sollen in uns gehen? So fragt man an den Universitäten, so fragt man im Alltag.

In unserer Zeit, die so extrem materialistisch orientiert ist, finden viele Menschen unbegreiflich, daß der Mensch ein »inneres Bewußtsein« hat (oder wie immer wir es nennen) und *daß er sich kraft Geistes eine entscheidendere, ja für ihn die einzig maßgebende Wirklichkeit erschafft, der gegenüber die Wirklichkeit der materiellen Erscheinungswelt, die wir aufgrund unserer Sinne »begreifen« können, zurücktritt.*

Für die meisten Menschen existiert all das nicht, was nicht zumindest mit einem unserer Sinne wahrgenommen werden kann. Und doch wissen wir von Kräften und Energien, die wir den Phänomenen nach kennen, mit unseren Sinnen aber nicht wahrnehmen können!

ALBERT EINSTEIN hat schon 1930 festgestellt, daß unsere Sinne nur etwa ein Tausendstel von dem wahrnehmen kön-

nen, was allein im elektromagnetischen Spektrum existent
ist. Und denken wir noch an die Entdeckungen, die seit 1930
gemacht worden sind! Wir kennen uns bestens mit Geräten
aus, deren Funktionieren auf physikalischen oder chemischen Vorgängen beruht: Radio, Telefon, Fernsehen. Und
wir kennen auch Röntgenstrahlen und Ultrakurzwellen. Hat
jemand von ihnen je etwas wahrgenommen? Im *Matthäusevangelium* (13, 13) lesen wir: »Mit den Ohren werdet ihr
hören und werdet es nicht verstehen; und mit sehenden
Augen werdet ihr sehen und es nicht erkennen.«

Alles Schöpferische ist eine Manifestation des Geistes. Jeder Erfinder, jeder Künstler, jeder Wissenschaftler und jeder
Wirtschaftsmanager – überhaupt jeder Mensch, der je eine
»neue« Idee hatte – mußte das Neue an der Sache oder Idee
von irgendwoher beziehen; es existierte schon immer. Es ist
buchstäblich wahr, daß es »nichts Neues unter der Sonne
gibt«. Aber jedes kreative Werk wurde von einem Menschen
geschaffen, der den Willen hatte, das Unsichtbare sichtbar
zu machen, und der den Mut hatte, etwas zu tun oder zu
denken, das kein Mensch vor ihm getan oder gedacht hatte.
*Kreative Menschen verstehen den Geist, der ihnen innewohnt,
lebendig zu machen.*

Haben Sie je darüber nachgedacht, wie eine Erfindung zustande kommt, wie eine neue Technik entdeckt wird? Haben
Sie je einem Künstler bei seiner Arbeit zugeschaut? Sind
nicht alle Menschen, die je etwas Neues entdeckten, vom Bestehenden ausgegangen und haben dann im Bewußtsein, daß
das Bestehende nicht etwas Endgültiges ist, ihre neue Idee
entwickelt? Was bedeutet eigentlich das Wort »entdecken«?
Es sagt doch buchstäblich aus, daß etwas Verdecktes hervor-
geholt wird. Wer etwas entdeckt, der enthüllt etwas, macht
etwas sichtbar, das natürlich immer schon da war, das aber

verdeckt da war und deshalb die Illusion zuließ, daß »unter der Decke« nichts existiert. War Amerika nicht da, bevor Kolumbus es entdeckte? Waren die Mondgesteine nicht existent, bevor die Raumfahrzeuge sie zur Erde brachten?

Entdecken bedeutet tatsächlich, fast wie dem Wortsinn nach, »die Decke wegziehen«, so daß unsere Sinne gewahr werden, was unter der Decke verborgen ist. Zöge nur jemand – es müßte ein zweiter Jesus sein – die Decke, die den Geist, die Gotteskraft, verbirgt, weg, damit auch die Menschen, die um jeden Preis der sinnlichen Wahrnehmung bedürfen, erkennen könnten, daß er vorhanden ist, der Geist Gottes, um uns, in uns, in allem, was ist und lebt! Und doch müßte es ein jeder von uns wissen!

Die Entdeckung des Geistes ist die größte Entdeckung, die der Mensch je gemacht hat; aber jeder Mensch muß den ihm innewohnenden Geist für sich selbst zuerst entdecken und dann erwecken. Und dabei ist etwas Wunderbares: *Jeder Mensch kann und soll auch sein eigener Entdecker der Kraft seines Geistes sein – in der Stille.* Die »Wohnstätte« des Geistes ist die Stille. Alle Menschen, die, wie ihre Lebensgeschichte beweist, nach geistiger Erleuchtung strebten, die nach kreativen Ideen suchten, die sich für das Schöne und Gute begeisterten oder die Wunder der Natur zu begreifen versuchten, haben – heute wie in alter Zeit – erkannt, wie wichtig die Stille ist.

In der Stille findet der Mensch zu sich selbst, zu seinem geistigen Wesen. Im Stillesein – sei es aufgrund gezielter körperlicher Entspannung und bewußt geistig-seelischer Ruhigstellung oder sei es durch den Schlaf herbeigeführt – kann der Mensch seine kreative Kraft aktivieren. Natürlich wird diese in bewußt und willentlich vollzogenen Tätigkeiten zum Ausdruck gebracht, aber ihre Erweckung findet in der Stille statt. Darum haben so viele Erfinder, Künstler und Wissenschaftler die Kontemplation oder den Rückzug auf die wohltuende Ruhe der Natur als einen so wichtigen Faktor ihres Schaffens betrachtet und immer wieder die Stille gesucht.

CHARLES LINDBERGH hat in seinem schon erwähnten Brief an die Leser des Magazins *Life* betont, daß der Mensch zur Natur zurückkehren und womöglich wieder in die »Wüste« gehen müsse, um die alles sprengende Technologie in Einklang auch mit den geistigen Bedürfnissen des Menschen bringen zu können. Lindbergh war sich, wie fast alle Wissenschaftler und Forscher, der großen Bedeutung bewußt, die die Nähe zur Natur und das »Eintreten des Menschen in die Stille« für uns alle hat.

Alle Großen des Geistes, Philosophen wie PLATON, Wissenschaftler wie EINSTEIN oder EDISON, Dramatiker wie SOPHOKLES oder SHAKESPEARE oder erleuchtete religiöse Lehrer wie JESUS oder BUDDHA, haben betont, wie wichtig es ist, in die Stille zu gehen. Sie sprechen von den »Wundern der Stille«, von der »winzig kleinen, erhebenden Stimme«, die aus ihr spricht, von der »Schönheit«, die sie beherbergt, von den »großen Ideen«, die sie bereithält. Sie alle betonen die Notwendigkeit, aus dieser Quelle aller Energie Kreativität und geistige Kraft zu schöpfen.

Stille sein ist ein Phänomen eigener Art. Es hat große Bedeutung für das körperliche und geistig-seelische Wohlbefinden des Menschen. Was bislang im Abendland weitgehend ignoriert wurde, gewann erst in den letzten Jahrzehnten an Bedeutung: Meditation und Gebet.

In diesem Zusammenhang haben Wissenschaftler festgestellt, daß der menschliche Körper, ein kompliziertes elektromagnetisches System, durch bestimmte Energien aktiviert werden kann. Im vollkommenen Stillesein – wenn Körper und Geist im Zustand der Ruhe sind – wird die »Batterie« des elektromagnetischen Systems im Menschen aufgeladen. Das ist häufig demonstriert worden, und bekannte Wissenschaftler haben darüber berichtet, unter anderem NICHOLAS TESLA, RUDOLF STEINER, ALBERT EINSTEIN und JOSHUA LEDERBERG. Es gibt zahlreiche wissenschaftliche Beweise, daß die Versenkung in die Stille sowohl vom physiologischen als auch vom psychologischen Standpunkt aus von großer Bedeutung ist.

Das Bedürfnis, die körperliche Gesundheit zu verbessern, ist jedoch nicht der entscheidende Grund, in die Stille zu gehen. Ausschlaggebend ist: *In der Stille ist die Wohnstätte des Geistes. Im Stillesein finden wir zur Kraft des uns innewohnenden Geistes und den Zugang zum unendlichen Geist, zu Gott. In der Stille entdecken wir das Göttliche unseres Wesens.*

Wie ich in Kapitel 1 dieses Buches schon ausgeführt habe, beruht das menschliche Sein auf der »Trinität« aus Körper, Verstand und Geist (Geist-Seele). Nicht die eine, nicht zwei, sondern alle drei Komponenten seines Wesens muß der Mensch entwickeln, und zwar gleichzeitig und gleichmäßig. Nur so kann er sich im Gleichgewicht befinden und der Segnungen und Wohltaten des Lebens sowohl in materieller als auch in geistiger Hinsicht teilhaftig werden. Nur so werden ihm Freude, Glück und Frieden zuteil.

Was uns die übliche, einseitig auf Verstandesschulung und Körperertüchtigung angelegte Erziehung weitgehend vorenthält, die Entwicklung unseres Geistes, das müssen wir selbst für uns tun – und in der Stille können wir es tun. In der Stille finden wir, was wir suchen. Wir werden des lebendigen Geistes in uns gewahr und seiner Gaben teilhaftig: Intuition, Kreativität, Gotteserkenntnis, Selbsterkenntnis, Selbstverwirklichung.

In allen großen Weltreligionen wird auf die Notwendigkeit hingewiesen, durch Meditation und Gebet die Stille zu
suchen. Im *Matthäusevangelium* (6, 6) finden sich die Worte
JESU: »Wenn aber du betest, so geh in deine Kammer,
schließ die Tür zu und bete zu deinem Vater, der im Verbor-
genen ist.« Die Kammer, von der Jesus spricht, ist die innere
Stille; daß wir die Tür zuschließen sollen, heißt, daß wir vom
Alltag unseres materiellen Lebens abschalten sollen; das
»Verborgene« ist der uns innewohnende Geist. Indem wir
durch Meditation und Gebet die Stille aufsuchen, erkennen
wir, daß Gott »über allen und durch alle und in allen ist«.
PAULUS sagt im *Zweiten Brief an die Korinther* (4, 18):
»... uns, die wir nicht auf das Sichtbare sehen, sondern auf
das Unsichtbare. Denn was sichtbar ist, das ist vergänglich;
was aber unsichtbar ist, das ist ewig.« In der Stille wird uns
das Unsichtbare, das Ewige, offenbar. Wir werden uns bewußt, daß der unendliche Geist – Gott – allgegenwärtig ist:
um uns, aber auch in uns. Wir können daher zu jeder Zeit
und unter jeder Bedingung mit ihm Verbindung aufnehmen,
einfach indem wir in die Stille gehen.

Wir brauchen allerdings einen überzeugenden Beweg-
grund, eine Motivation, ein Ziel, wenn wir uns auf die Suche
machen, die Vollkommenheit, die Schönheit und den Frieden zu entdecken, die in der Stille, in unserem Inneren, verborgen sind. Der menschliche Verstand ist nicht fähig, sich
Wissen anzueignen, wenn er nicht auf ein Ziel gerichtet ist.
Das haben die pädagogische Psychologie und andere Wis-
senschaftszweige nachgewiesen. »Alle Wohltaten des Geistes
und des Herzens entgleiten dem Zugriff eines unentschlosse-
nen Willens«, hat WILLIAM SHAKESPEARE gesagt.

Ich befinde mich in Übereinstimmung mit den geistigen
Führern aller großen Weltreligionen, wenn ich meine, daß

das Ziel jeglichen Betens und Meditierens, der wesentliche Grund für die Versenkung in die Stille, darin liegt, ein Mittel zur bewußten Kommunikation zwischen dem Menschen und Gott als dem Inbegriff allen Geistes zu finden.

Ist es nicht das, was der Begriff »Kommunion« eigentlich ausdrückt – die Kommunikation zwischen dem Menschen und Gott? Durch Meditation und Gebet in der Stille vollzieht sich die Kommunion, nicht durch ein besonderes Ritual.

In unserem Inneren finden wir zu unserem eigentlichen Wesen, das geistiger Natur ist. Der materielle Körper verläßt uns, wenn wir aus dem Leben scheiden. Alles Wissen, das sich unser Verstand angeeignet hat, vergeht mit dem Leben. *Doch der Geist, das Ewige unserer Teilhabe am unendlichen Geist, das in religiösem Zusammenhang auch »Seele« genannt wird, vergeht nicht.* Und es ist derselbe Geist, den wir in der Stille finden.

Jesus hat gesagt, daß das »Reich Gottes« in uns ist – dieses stirbt nicht. Die Seele ist ewig! Sollten wir uns nicht mehr der Komponente unseres Seins zuwenden, die ewig ist, der die Erkenntnis des wahren Wesens Gottes, des Universums und des Menschen verliehen ist?

Wenn ein Organ unseres Körpers nicht richtig funktioniert, versuchen wir, so schnell wie möglich Abhilfe zu schaffen. Wenn wir uns auf irgendeinem Wissensgebiet, das für uns von Nutzen ist, nicht richtig auskennen, setzen wir unseren Verstand ein, um die Lücke zu schließen. Warum ignorieren wir unsere Seele, unseren unsterblichen Geist? Warum wollen wir nicht in uns gehen und aus der Stille Kraft schöpfen, wenn wir niedergeschlagen sind, wenn wir einsam oder unglücklich sind? *In der Stille können wir Trost und Stärke finden, bei dem unendlichen Geist, der unser wahres Wesen ist.*

Alle großen Weltreligionen verkündigen dem Menschen,
daß die Lösungen unserer Ängste, Probleme und Nöte
– Einsamkeit, Unglücklichsein, Verzweiflung, Unterdrückt-
sein und soviel anderes mehr – in der Stille, im Stillesein gefunden werden können. Der Prophet JESAJA verheißt uns
(30, 15): »Wenn ihr umkehrtet und stillebliebet, so würde
euch geholfen; durch Stillesein und Hoffen würdet ihr stark
sein.« Und der Prophet SACHARJA fordert uns auf (2, 17):
»Alles Fleisch sei stille vor dem Herrn; denn er hat sich auf-
gemacht von seiner heiligen Stätte!« PAULUS sagt in seinem
Brief an die Römer (8, 14): »Denn die der Geist Gottes treibt,
die sind Gottes Kinder.« Und im *Brief an die Philipper*
(4, 5–7) schreibt er: »Der Herr ist nahe! Sorgt euch um
nichts, sondern in allen Dingen laßt eure Bitten in Gebet
und Flehen mit Danksagung vor Gott kommen! Und der
Friede Gottes, der höher ist als alle Vernunft, wird eure Herzen und Gedanken bewahren in Christus Jesus.«

Im Schrifttum aller großen Religionen wird darauf hingewiesen, daß Friede, Heiterkeit des Herzens, Verständnis und
Liebe den Menschen zuteil werden, die durch Meditation
und Gebet in die Stille gehen.

In der Stille gelangen wir über die Möglichkeiten meta-
physischer oder theologischer Erkenntnis hinaus. Wir finden
in ihr das wahre Bewußtsein. Ich meine nicht das Bewußtsein, wie es die Psychologie oder andere Wissenschaft
definiert; ich spreche eher, wie ich schon einmal hervorhob,
von dem, was RALPH WALDO EMERSON als »Weltseele« oder
was CARL GUSTAV JUNG als das »kollektive Unbewußte« bezeichnet haben. Es ist dem der Metaphysik, der philosophischen Lehre von den letzten Gründen und Zusammenhän-
gen des Seins, überlegen, weil es individuellen Bezug hat: wir
sind unser eigener Lehrer und zugleich Schüler. Dieses Be-

wußtsein – man könnte es auch kosmisches Bewußtsein nennen – kann nur vom einzelnen Menschen erfahren werden, der in der Stille, in der Wohnstätte seines Geistes, nach ihm sucht.

Kosmisches Bewußtsein – der unendliche Geist –, das ist es, wonach wir suchen sollen. Durch ihn kehren wir zu unserem Schöpfer zurück, durch ihn erlangen wir wahre Erkenntnis.

Wie in allen wesentlichen Belangen ist zur Entwicklung unserer Fähigkeit, das kosmische Bewußtsein in uns zu finden, das Wichtigste Liebe. Wenn wir uns selbst nicht lieben, können wir keine Antworten in uns finden. Wir müssen uns selbst lieben lernen, so wie wir lernen müssen, alle anderen Geschöpfe Gottes zu lieben.

Gott wirkt durch die Kraft der Liebe. *Je mehr wir von der Liebe durchdrungen sind, um so näher kommen wir Gott.* Je näher wir Gott kommen durch bewußte Liebe zu allem, was ist und lebt, desto leichter ist es für uns, der Segnungen und der Weisheit teilhaftig zu werden, die in der Stille verborgen sind. JESUS hat uns gelehrt, daß das höchste Gebot die Liebe zu Gott ist. Wenn wir Gott in Wahrheit lieben, dann lieben wir alles, was Gott geschaffen hat: unsere Mitmenschen, uns selbst, die ganze Schöpfung, denn Gott »ist über allen und durch alle und in allen«.

Jeder Tag hat 1.440 Minuten; sicher können Sie zehn Minuten ($\frac{1}{144}$) erübrigen, um sich der Vergegenwärtigung der Kraft Ihres Geistes zu widmen. Überlegen Sie doch einmal, wie viele Minuten Sie täglich für die Pflege Ihres Körpers und für die Aktivitäten Ihres Verstandes verwenden! Allzulange hat sich der Mensch in fast allen Stunden seines Wachseins nur dem Körper und dem Verstand gewidmet. Kein Wunder, daß der moderne Mensch so unglücklich und hilflos ist: er entbehrt der Zuflucht bei dem ihm zur Verfügung stehenden unendlichen Geist. Ist es nicht geradezu absurd, die Kraft unseres Geistes zu vernachlässigen, wenn sie doch so leicht aktiviert werden kann? Wer von uns hat die besagten zehn Minuten Zeit nicht?

Viele Menschen, die sich über die Notwendigkeit, in die Stille zu gehen, klargeworden sind, können sich nicht entscheiden, welche der vielen angebotenen »Techniken« sie benutzen sollen. Manche sind von dem Angebot so verwirrt, daß sie lieber gar nichts tun. Es ist nun aber einmal so, daß jeder Mensch die für ihn geeignete Technik oder Methode selbst entdecken muß. Die Tür zur Stille, der Wohnstätte des Geistes, wird dem geöffnet, der in Aufrichtigkeit und Geduld, mit starkem Glauben und echter Motivation anklopft. Doch jeder Mensch muß selbst anklopfen, das kann ihm niemand abnehmen.

Der Zugang zu den Mysterien der Stille ist jedem von uns gegeben. Es gibt nicht nur eine Methode, nicht nur einen Weg. In den *Sprüchen Salomons* (16, 9) heißt es: »Des Menschen Herz erdenkt sich seinen Weg; aber der Herr allein lenkt seinen Schritt.«

Alle Wege zu Gott haben eines gemeinsam: sie führen in die Stille, in die Wohnstätte des Geistes. *Das Mittel zur Vereinigung mit dem uns innewohnenden unendlichen Geist ist Gebet und Meditation.* Wie das Mittel angewendet wird, welche Technik für Gebet und Meditation benutzt wird, ist der Wahl des einzelnen überlassen. Jeder muß seinen Weg selbst finden. Man sollte nicht versuchen, eine spezielle Technik anzuwenden, nur weil sie ein anderer als hilfreich für sich empfunden hat. Unterweisungen in Meditation und Gebet können hilfreich sein, aber sie können auch Schaden anrichten, weil nicht jedem Menschen der gleiche Weg offen ist.

Vielmehr muß jeder Mensch selbst seinen Weg suchen, muß jeder selbst an die Tür klopfen. »Denn wer bittet, der empfängt; und wer sucht, der findet; und wer anklopft, dem wird aufgetan« (Matthäus 7, 8). Doch für alle Menschen gilt, daß sie ein Ziel, daß sie den Glauben, die Liebe und Geduld haben müssen.

Die »kostbare Perle«, von der die Bibel spricht, ist die Stille. In ihr kann unser Geist zum Leben erweckt werden; in ihr finden wir den Zugang zu Gott, dem unendlichen vollkommenen Geist; in ihr finden wir Frieden und Heiterkeit, Weisheit und Liebe. Wenn ein Mensch seinen Weg in die Stille gefunden hat, dann vermag er alle Probleme zu überwinden. Dann erfährt er, daß der unendliche Geist in ihm selbst ist und ihm wirkliche Freiheit und wahres Glück, daß er ihm Freude, Liebe und Weisheit schenkt.

Ausblick

Viele Anzeichen deuten darauf hin, daß wir uns in einer Übergangsphase zu einem neuen Zeitalter befinden. Es kann sicher kein Zweifel darüber bestehen, daß unsere Zeit die technologisch fortschrittlichste Periode in der Geschichte der Menschheit ist und daß wir mit weiteren umwälzenden Entdeckungen auf vielen Gebieten, vor allem im Bereich der Naturwissenschaften, rechnen können.

Eine Folge des technologischen Fortschritts ist, daß unser Leben immer unpersönlicher wird. Viele in den Industrieländern lebende Menschen finden sich in dem entmenschlichenden Räderwerk einer von Maschinen beherrschten Zivilisation nicht mehr zurecht, in der die technische Uniformierung der Sprache und die menschliche Kontaktlosigkeit zu seelischer Verarmung führen. Sie fühlen sich wie Nummern in einem immer unpersönlicher werdenden System, wie Roboter, die seelenlos Befehle ausführen, die ihnen von Computern, elektronischen »Monstren«, diktiert werden.

An die Stelle menschlicher Kommunikation sind die »meinungsbildenden« Massenmedien getreten. Wir haben uns daran gewöhnt, daß uns lokale, nationale und internationale Neuigkeiten und Ereignisse sofort in Zeitungen, Rundfunk und Fernsehen mitgeteilt werden. Wir haben es verlernt, politische, kulturelle oder andere Geschehnisse selbst zu interpretieren, uns selbst ein Urteil über sie zu bilden. Wir schließen uns der Meinung eines uns genehmen Kommentators an, und was aus den Schlagzeilen verschwunden ist, ist auch für uns erledigt. Wir sind von den Massenmedien, vor allem vom Fernsehen, so abhängig geworden, daß wir unsere eigene Urteilskraft kaum mehr gebrauchen. Das Fernsehen versorgt uns mit einer meist vereinfachenden Wertung solcher Ereignisse, die irgendwelche von anonymen Kommissionen für kompetent erklärte Leute für uns auswählen. Wir haben unsere Fähigkeit, die Dinge eigenständig zu sehen, weitgehend verloren. Vor allem aber haben wir auf unser Recht und unser Privileg, »das Unsichtbare durch das Sichtbare« zu sehen, verzichtet. Kein Wunder also, daß wir uns nicht zu helfen wissen, wenn wir mit persönlichen Problemen nicht fertig werden.

Haben wir noch unseren freien Willen? Nehmen uns die Massenmedien und die Errungenschaften der Technologie nicht die größte Last des Denkens ab? Wir haben keine Zeit mehr, nach dem Guten Ausschau zu halten, weil wir von der Masse destruktiver Eindrücke, die ununterbrochen auf uns eindringen, einfach erschlagen werden. »Der Gott dieser Welt hat uns den Sinn verblendet.« *Das Materielle unseres Lebens hat uns den Blick auf das Ewige verstellt.*

Wir haben den Sinn der Liebe verfälscht; wir haben die entscheidend wichtigen Werte aus unserem Leben verbannt. Unsere Kirchen sind in Dogmen und im Ritual erstarrt. Wir verkennen die Quelle aller Kreativität des Menschen. Wir haben ihn zu einem interessanten Experimentierobjekt der Wissenschaft gemacht und vergessen, daß das Wichtigste für ihn ist, ein sinnvolles Ziel für sein Leben zu haben.

Wir haben es anderen überlassen, für uns zu denken, und wundern uns nun, warum *ihr* Denken *unsere* Probleme nicht gelöst hat. Wir lassen uns von Habgier, Neid, Eifersucht, Feindseligkeit und Haß beherrschen. Wir übersehen, daß die Entfaltung der Kraft unseres Geistes zumindest ebenso wichtig ist wie die Körperpflege und Verstandestraining.

Viele junge Menschen haben sich neuen Lebensphilosophien verschrieben, die sich vom »Establishment« radikal abwenden – von einem Establishment, das, muß man zugeben, seine eigenen Wurzeln vergessen hat und keinen Sinn für das Wesentliche mehr zu haben scheint. Es gibt heute auch in den westlichen Kirchen Bestrebungen zu einer Erneuerung, die an mystische Traditionen anknüpft. Deren Verfechter fordern die Rückkehr zu den Ursprüngen der christlichen Heilslehre, die Überwindung des Materialismus durch Besinnung auf die Kraft der Liebe und die Suche nach Frieden und Harmonie. Aber der größere Teil unserer Jugend sucht sein Heil bei fernöstlichen Gurus, bei zweifelhaften Sekten oder im Okkultismus. Auch das ist nur eine Flucht vor sich selbst – man sucht etwas, das man für seine Schwächen, seine Unzulänglichkeiten und Hilflosigkeit gegenüber den Zwängen der entmenschlichten Gesellschaft und für seine Abneigung gegen persönliches Engagement verantwortlich machen kann. *Schafft sich unsere Jugend damit nicht einfach ein anderes, ein neues Establishment, das sie ebenso beherrscht wie jenes »unsere«, gegen das sie revoltiert?*

Wir müssen aufhören, in unserer Umwelt nach »Krücken«, Entschuldigungen und Schuldzuweisungen zu suchen. Wir müssen aufhören, uns einen »Prügelknaben« für unsere eigenen Fehler und Enttäuschungen zu suchen; das heißt, wir müssen aufhören, unsere Verantwortung auf das Milieu, auf das Establishment, auf die Technologie, die Medien oder die Sterne abzuwälzen. Das neue Zeitalter, das kommen wird, diese unsere Zeit, die zu Ende geht, ja dieser heutige

Tag gebieten uns zu erkennen, daß wir uns unsere Welt
selbst erschaffen aufgrund unserer Geisteshaltung. *Wir können alle unsere Probleme selbst lösen vermöge der Kreativität,
die dem uns innewohnenden lebendigen Geist erfließt.* Wenn
wir nur einen geringen Bruchteil unserer gewaltigen wissenschaftlichen Forschungskapazität dazu verwenden würden,
den Einfluß der Kraft des Geistes auf materiell-körperliche
und intellektuelle Prozesse aufzuzeigen, dann könnte ein
neues, ein positiveres Selbstverständnis des Menschen auch
zu einem besseren Verständnis seines Lebens und seiner
Umwelt führen. Wenn der Mensch die Tatsache begreift,
daß das einzige in der Welt, das er erfolgreich verbessern
kann, er selbst ist, dann wird er aufhören, gegen Wind-
mühlenflügel zu kämpfen; dann wird er sich bewußt werden, daß er auch in unserer technologischen, unpersönlichen
Zeit ein begeisterndes Leben in Frieden, Harmonie und
Freude führen und kreative Lösungen auf die ihm jetzt vielleicht noch so unlösbar erscheinenden Probleme finden
kann.

Ich hoffe, daß ich Sie mit diesem Buch ermutigt habe, den
auch Ihnen innewohnenden Geist zu suchen, zu entdecken
und zu entfalten. Die Essenz der für uns so erhebenden Botschaft Jesu wie auch der Lehrer der anderen großen Weltreligionen läßt sich in die Worte fassen: Der Mensch kann
Hoffnung, Frieden, Harmonie, Freude und Glück finden,
wenn er sich dem unendlichen Geist gläubig anvertraut. Er
muß nur verstehen, daß er selbst ein Teil dieses unendlichen
Geistes ist und daß er ihm durch Gebet und Meditation in
der Stille begegnet.

Manche, die dieses Buch lesen, werden vielleicht ein ge-
wisses »Unbehagen« bei der Vorstellung empfinden, sich

»nach innen wenden« zu müssen, um Lösungen auf ihre
Probleme zu finden. Ich hoffe aber, daß auch solche Leserinnen und Leser unvoreingenommen genug sind, diese Idee
nicht von vornherein zu verwerfen. Das größte Hindernis
zum Verständnis einer uns fremden Idee ist immer eine ab-
wehrende Haltung. *Doch Haltungen lassen sich ändern, wenn
man sich von Vorurteilen befreit.* Hat das, worauf Sie sich bis-
her verlassen haben, Ihnen Frieden, Glück und Verständnis
für den Sinn Ihres Lebens gebracht? Haben Sie Erfüllung
und Zufriedenheit in Ihrem Leben gefunden? Wenn Sie
diese Fragen verneinen, fühlen Sie sich dann nicht herausge-
fordert, Ihre Haltung von Grund auf zu überdenken?
Könnte es sich nicht lohnen, einen neuen Anfang zu machen?

LEO TOLSTOI hat einmal gesagt, daß eine Idee, deren Zeit
gekommen ist, stärker als alle Armeen der Welt sei. Vielleicht können die in diesem Buch herausgestellten Tatsachen
in Ihr Leben die Stärke einer Idee bringen, deren Zeit *für Sie*
gekommen ist.

Wieviel besser könnte es in unserer Welt aussehen, wenn
wir alle ernsthaft versuchten, nach der goldenen Regel zu leben. Wir sollten sie vielleicht aber, wie schon gesagt, so interpretieren, daß nicht das Tun, sondern das Denken der entscheidende Faktor ist: daß wir von anderen so *denken* sollen,
wie wir wünschen, daß andere von uns *denken*. Wir würden
dann ganz sicher eine positive Einstellung zum Leben gewinnen, und es könnte eintreten, was PAULUS uns in seinem *Ersten Brief an die Korinther* (13, 12) verheißt: »Wir sehen jetzt
nur undeutlich wie in einem trüben Spiegel; dann aber von
Angesicht zu Angesicht.«

Wenn der Mensch von heute ein Leben in Harmonie – mit
der Umwelt, den Mitmenschen und sich selbst – führen will,

dann muß er zu den Ursprüngen der christlichen Lehre zurückkehren, die seit Jahrhunderten für ihn nur ein Lippenbe-
kenntnis ist. Mit einer Änderung unserer Geisteshaltung –
mit der Erweckung des lebendigen Geistes in uns – könnten
wir aus der Übergangsphase, in der wir an der Schwelle des
Wassermannzeitalters leben, tatsächlich den Aufbruch in
eine neues Goldenes Zeitalter vollziehen.

Wir verfügen über die technologischen Mittel zur Kontrolle der materiellen Welt. Wir verfügen über viele Möglichkeiten, uns die Kräfte der Natur nutzbar zu machen. Die
Naturwissenschaft wird weitere große Fortschritte in der Erforschung der Materie machen. Und wir besitzen den
Schlüssel, um die immense Kraft des unendlichen Geistes in
uns wirksam werden zu lassen. Wenn wir alle diese Kräfte
vereint zum Wohl des Menschen mobilisieren, könnten wir
tatsächlich geschichtliche Sternstunden der Menschheit ein-
leiten. Wenn wir bei dieser Aufgabe versagen, könnte dies
das Ende der Menschheit bedeuten.

Ich wüßte keinen besseren Abschluß für dieses Buch, als
Ihnen das Wort des Apostels PAULUS, das er uns in seinem
Ersten Brief an die Korinther (2, 9–15) hinterlassen hat, mit
auf den Weg zu geben:

»›Was kein Auge gesehen hat und kein Ohr gehört hat
und in keines Menschen Herz gekommen ist, was Gott bereitet hat denen, die ihn lieben.‹ Uns aber hat es Gott geoffenbart durch seinen Geist; denn der Geist erforscht alle Dinge,
auch die Tiefen der Gottheit. Denn was im Menschen ist,
weiß niemand als allein der Geist des Menschen, der in ihm
ist. So weiß auch niemand, was in Gott ist, als allein der
Geist Gottes. Wir aber haben nicht den Geist der Welt empfangen, sondern den Geist aus Gott, so daß wir wissen kön-

nen, was uns von Gott geschenkt ist. Und davon reden wir
nicht mit Worten, wie sie menschliche Weisheit lehren kann,
sondern mit Worten, die der Geist lehrt, und deuten das Wirken des Geistes auf geistgewirkte Art. Der natürliche
Mensch aber nimmt nichts an, was vom Geist Gottes
kommt; es ist ihm eine Torheit, und er kann es nicht verstehen; denn es muß geistlich beurteilt werden. Der geistliche
Mensch aber beurteilt alles und kann doch selber von niemand beurteilt werden.«

Vielleicht stehen wir tatsächlich an der Schwelle einer
neuen, glücklicheren Zeit. Viele Menschen suchen nach einer
geistigen Verankerung ihres Lebens. Wenn wir die Botschaft
des lebendigen Geistes in uns richtig zu verstehen und nach
ihr zu handeln vermögen, brauchen wir uns nicht länger Sorgen zu machen. Die einfache und doch so große und heil-
same Botschaft JESU ist allzulange durch Dogmen und Ritu-
ale, durch die Verstrickung der Kirchen in weltlich-mate-
rielle Interessen verdeckt worden. Aufgrund intuitiver Erkenntis und der Schärfung unserer Sinne zur Wahrnehmung
der Wunder der Natur, durch die Erweckung des lebendigen
Geistes in uns, in dem wir – in der Stille, seiner Wohnstätte –
den Zugang zu Gott finden, können wir, ich hoffe es, die
Verheißung eines Goldenen Zeitalters zur Wirklichkeit werden lassen.

DIE REIHE AKTUELLER SACHBÜCHER

in Balacron mit Goldprägung und cellophaniertem, farbigem Schutzumschlag

DIE HOHE SCHULE DER ZÄRTLICHKEIT - WIE WIR SIE FINDEN UND BEWAHREN
Von Norbert Wölfl

Begriff und Erfahrung der Zärtlichkeit sind uns Heutigen weitgehend abhanden gekommen. Liebe ist auf Sex abgewertet. Dabei ist Zärtlichkeit für uns alle ein notwendiges Lebenselixier und in unserer gefährdeten Welt ein »Überlebenstraining«. N. Wölfl erklärt, was unter Zärtlichkeit zu verstehen ist, was sie bewirkt und wie sie heilend und beglückend unser Leben zu verändern vermag. 260 Seiten, 26 Abb., Best.-Nr. 1269.

DIE KUNST ZU ÜBERZEUGEN
Von Prof. Dr. Heinz Ryborz

Prof. Dr. Heinz Ryborz zeigt in diesem leichtverständlichen und praxisnahen Buch bewährte Techniken auf, mit denen man sich die Merkmale sowie die Verhaltensweisen einer Persönlichkeit aneignen kann, die zu überzeugen versteht und deshalb ihre Ziele erreicht. Sie finden, demonstriert an zahlreichen Beispielen, konkrete Anleitungen, wie man Partner, Freunde, Kunden, ja selbst Gegner überzeugt. 234 Seiten, Best.-Nr. 1209.

DIE HOHE SCHULE DER HYPNOSE – FREMD- UND SELBSTHYPNOSE
Von Kurt Tepperwein

Der Autor, Praktiker, Hypnosetherapeut, zeigt die wirksamen Techniken der Fremd- und Selbsthypnose, die von größtem Wert sind. »Er weist Schritt für Schritt in die Hypnose ein; es bedarf danach kaum noch praktischer Unterweisung, um Hypnose helfend anzuwenden« (Univ.-Prof. Dr. med. H. Jansen). 280 Seiten, 20 Abbildungen, Best.-Nr. 1159.

IMAGINATION UND SYMBOLDEUTUNG
Von Henry G. Tietze

Der bekannte Psychologe führt uns in die faszinierende Welt der Imagination – der inneren Bilderwelt unserer Tagträume und Wünsche – und erklärt, was solche innere Bilder bedeuten, wie sie provoziert und genutzt werden können. Dieses reichbebilderte Standardwerk neuester Imaginationstechniken samt Lexikon der archetypischen Symbole wird Laien wie auch Fachleute als ideales Arbeits- und Nachschlagewerk interessieren. 344 Seiten, 30 z. T. farb. Abbildungen, Best.-Nr. 1247.

GLÜCKLICH LEBEN IM RUHESTAND – SINNVOLL PLANEN, IN FREUDE GENIESSEN
Urs-Peter Oberlin

Dr. Oberlin rät, den Ruhestand früh genug vorzubereiten, und führt Sie anhand gezielter Fragen zur Analysierung Ihrer Verhältnisse und einem individuellen Konzept einer optimalen Gestaltung des Ruhestandes. Rentner können die vielen praktischen Ratschläge nutzen. 176 Seiten, Best.-Nr. 1287.

ARISTON VERLAG · GENF

CH-1211 Genf 6 · Postfach 176 · Tel. 022/86 18 10 · Telex 27983